PIANO • CANTO • GUITARRA

PIANO • VOCAL • GUITAR

¡PURA CUMBIA!

ISBN 0-634-05442-2

HAL•LEONARD®
CORPORATION
7777 W. BLUEMOUND RD. P.O. BOX 13819 MILWAUKEE, WI 53213

Visit Hal Leonard Online at
www.halleonard.com

A MI DIOS TODO LE DEBO

Words and Music by
ALVARO JOSÉ ARROYO

Cla - ro cla - ro mués - tra - me el ca - mi - no cla - ro nos dio la

lu - na, tam - bién el sol ___ pa' da' nos cla - ro. ___ Ay, mi Dios, ben - di-

- to Pa - pa qué bo - ni - to, qué lin - do que me has e - le - gi - do yo te a - mo.

Ay, mi Dios, ben - di-

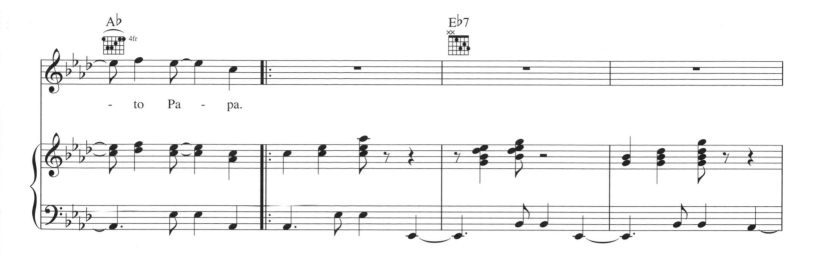

- to Pa - pa.

Ay, mi Dios, to - di - to te __ de - bo. Ay, mi Dios, la di -

- cha te __ de - bo. Ay, Se - ñor ben - di - to te __ quie - ro. Ay, mi Dios, ben - di -

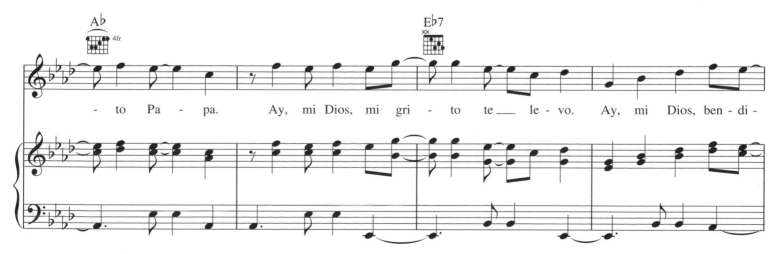

- to Pa - pa. Ay, mi Dios, mi gri - to te le - vo. Ay, mi Dios, ben - di -

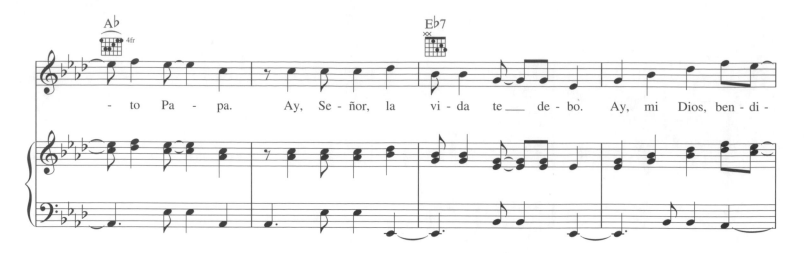

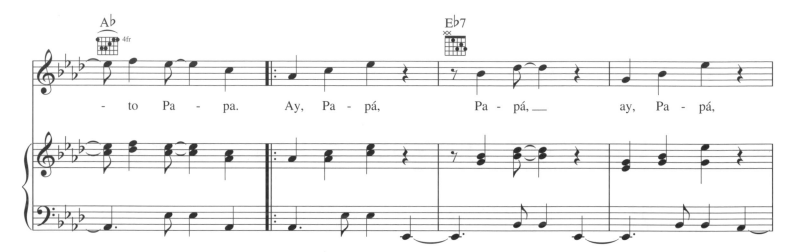

pá con - se - guir___ la fa - ma. De tí no ten - go que -

- ja, oye Pa - pá da - le dul - zu - ra a mi al - ma.

Tú, Pa - pá, e - res muy gran - de Pa - pá.
Ay, Pa - pá, en tu cor - te ce - les - tial.

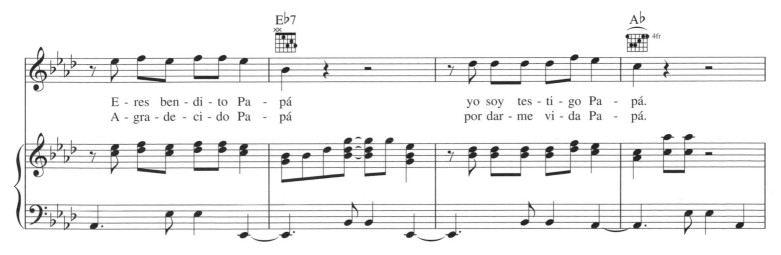

E - res ben - di - to Pa - pá yo soy tes - ti - go Pa - pá.
A - gra - de - ci - do Pa - pá por dar - me vi - da Pa - pá.

Ay, Pa - pá tú e - res muy bue - no Pa - pá.
Ay, Pa - pá tú e - res muy bue - no Pa - pá.

Te doy las gra - cias Pa - pá por ser tan gran - de Pa - pá.
Te doy las gra - cias Pa - pá por per - do - nar - me Pa - pá.

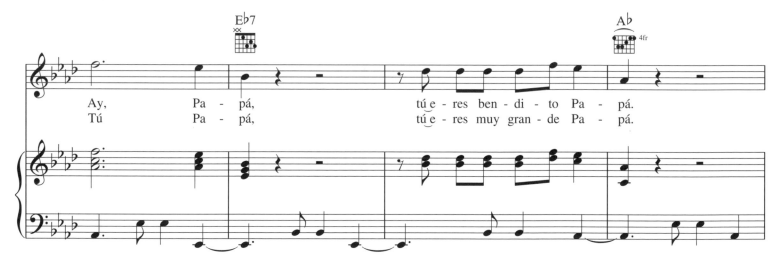

Ay, Pa - pá, tú e - res ben - di - to Pa - pá.
Tú Pa - pá, tú e - res muy gran - de Pa - pá.

Tú e - res muy lin - do Pa - pá yo soy tes - ti - go Pa - pá.
Tú e - res ben - di - to Pa - pá yo soy tes - ti - go Pa - pá.

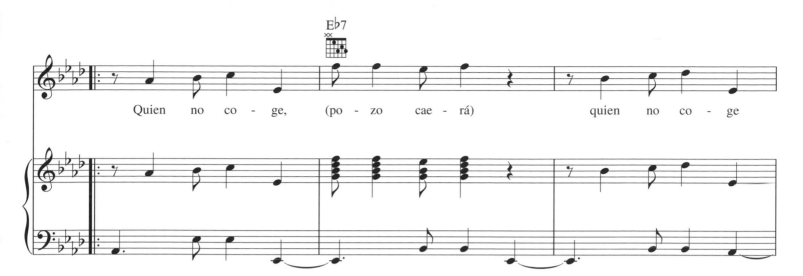

Quien no co - ge, (po - zo cae - rá) quien no co - ge

(po - zo cae - rá.)

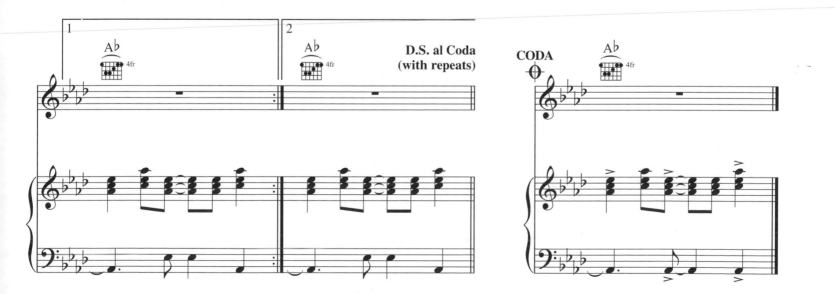

D.S. al Coda (with repeats)

CODA

AMOR SIN FRONTERAS

Words and Music by
MATEO TORRES

Moderado rápido

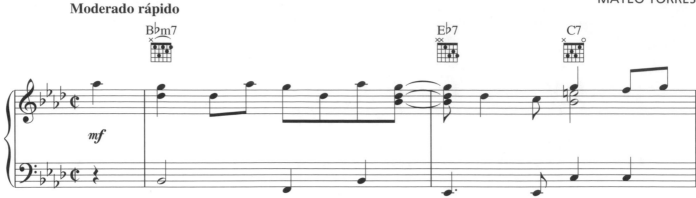

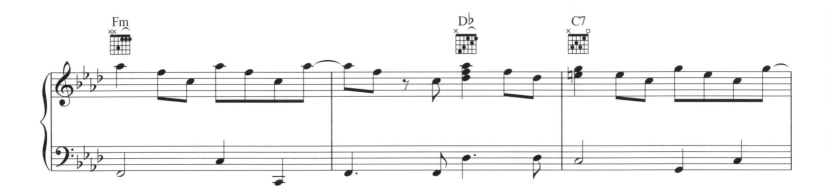

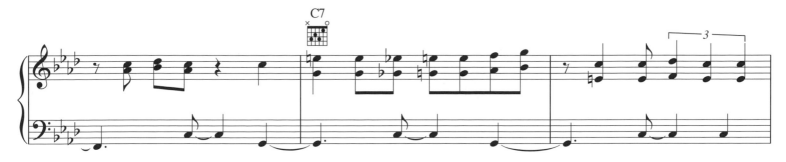

En ca - da re - cuer - do que guar - do ___
A - yer fue un pa - sa - do muer - to ___

es - tá in - e - vi - ta - ble tu i - na - gen ___
la vi - da no tie - ne rem - pla - zo ___

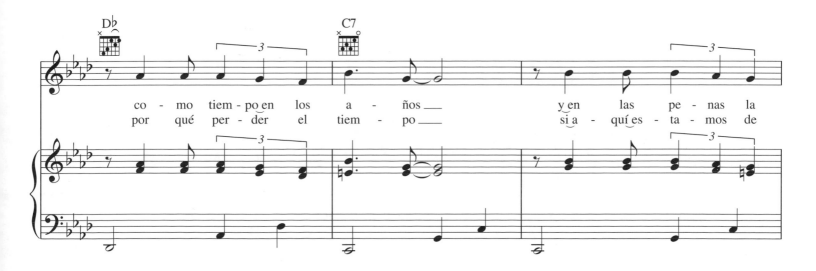

co - mo tiem - po en los a - ños ___ y en las pe - nas la
por qué per - der el tiem - po ___ si a - quí es - ta - mos de

san - gre. ___ Co - mo tiem - po en los a - ños ___
pa - so. ___ Por qué per - der el tiem - po ___

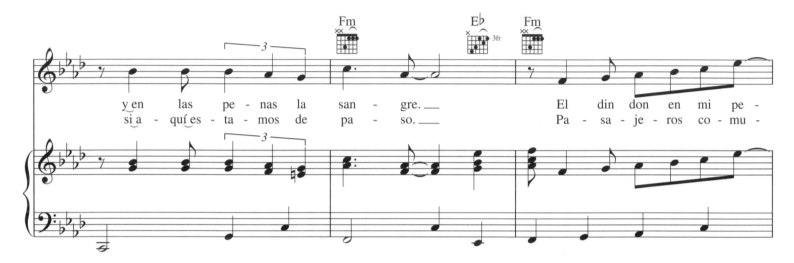

y en las pe - nas la san - gre. ___ El din don en mi pe -
si a - quí es - ta - mos de pa - so. ___ Pa - sa - je - ros co - mu -

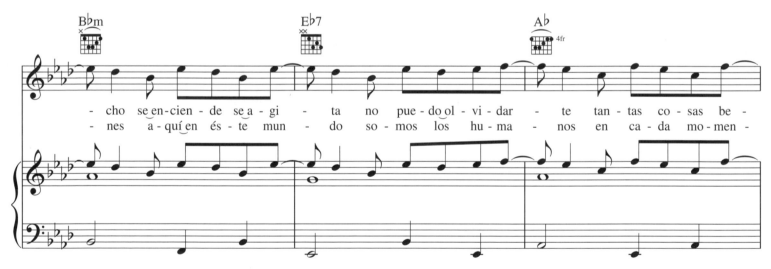

- cho se en - cien - de se a - gi - ta no pue - do ol - vi - dar - te tan - tas co - sas be -
- nes a - quí en és - te mun - do so - mos los hu - ma - nos en ca - da mo - men -

- llas de tí que me in - va - den no pue - do es - ca - par ___ de sen - tir tan - to a -
- to jun - tos que vi - va - mos vol - va - mos nos u - no en el mis - mo los

yen - da. Mi dí - a mi no-che mi sol___ ___ mi lu - na mi es - tre - lla mi cie - lo mi tie - rra lo dul - ce lo a -

mar - go mi paz mi so - bra a - mor sin fron - te - ras.

Mi dí - a mi no-che mi sol_____ mi

cie - lo mi lu - na mi tie - rra   mi paz mis so - bras de a - mor

lo dul - ce lo a - mar - go mi Dios.

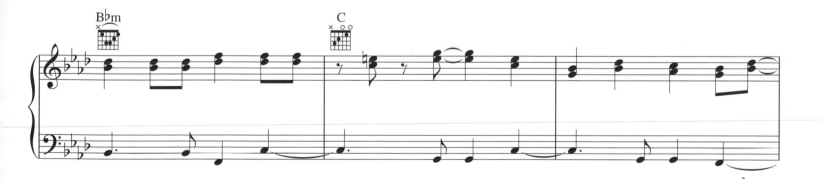

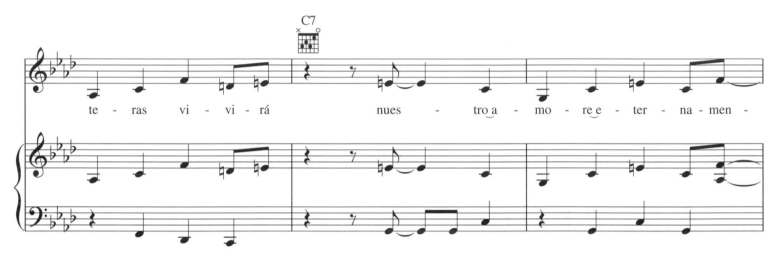

-rra   mi paz mis so - bras de a - mor ___   lo

dul - ce lo a - mar - go mi Dios. ___

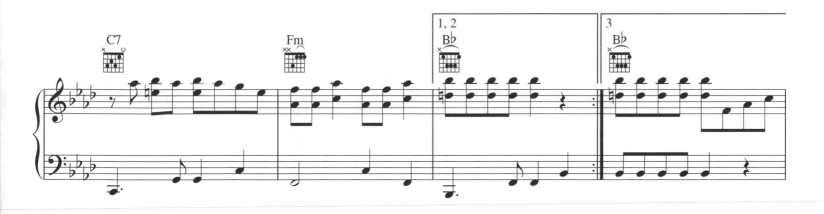

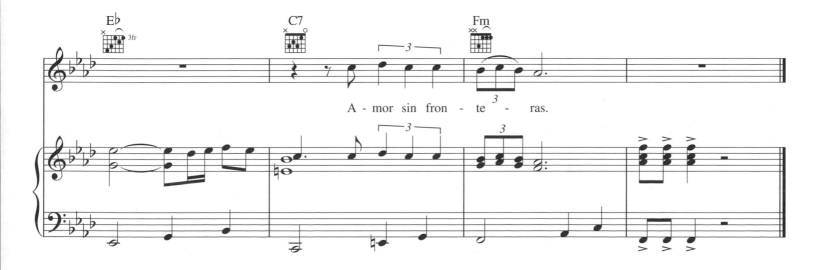

A - mor sin fron - te - ras.

AY CHAVE

Words and Music by
ENRIQUE BONFANTE CASTILLA

Moderado

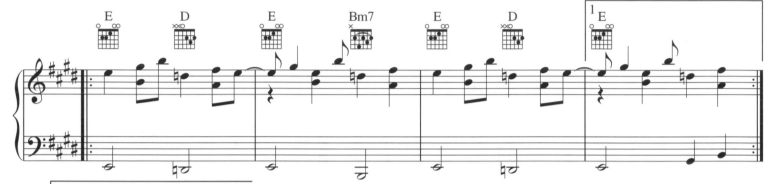

Ay cha-ve la cha-ve tú sa-bes a lo que sa-

-bes. Ven con-mi-go cha-ve con-ti-go quie-ro en fren-tar-

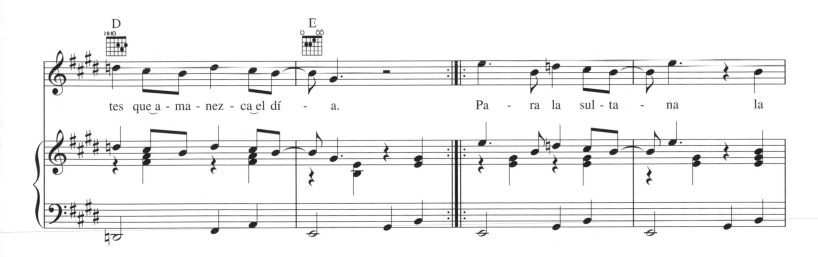

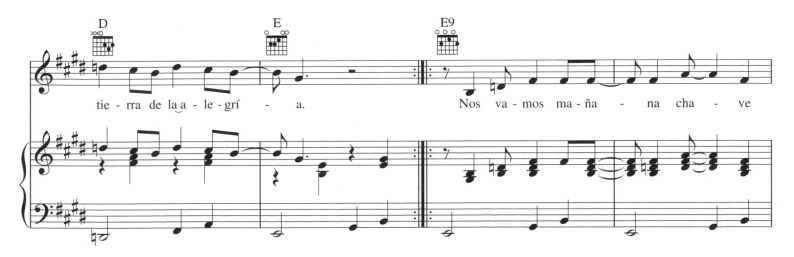

pa - ra la sul - ta - na. ta - na.

To Coda ⊕ N.C.

D.C. al Coda
(with repeats)

CODA
⊕

1–3

4

CUMBIA SAMPUESANA

By JOSÉ JOAQUIN BETÍN

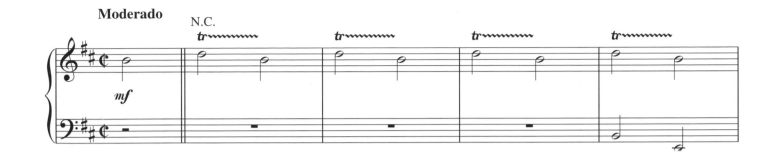

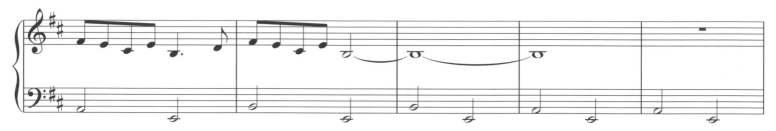

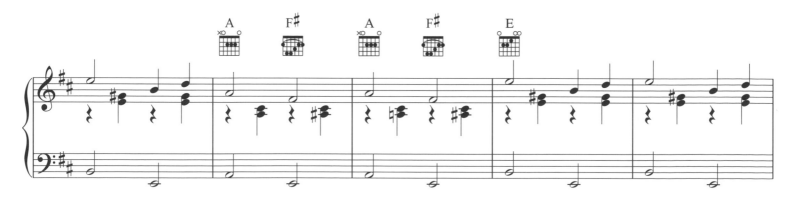

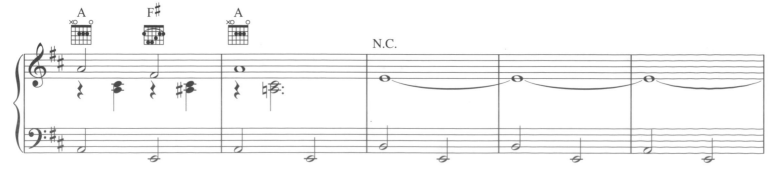

Repeat and Fade

CUMBIA CAMPESINA

Words and Music by
CALIXTO OCHOA

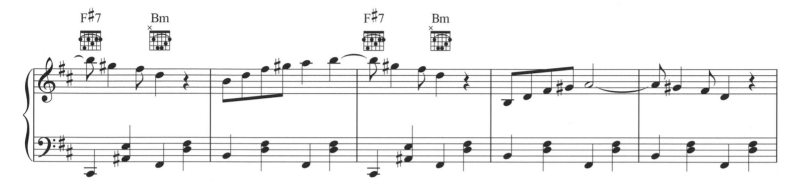

Oi - gan la   bu - lla, oi - gan la so - na - ji - lla oi - gan la   bu - lla, oi - gan la so - na-

ji - lla. Bai - len la cum - bia, la cum - bia cam - pe - si - na bai - len la cum - bia, la cum - bia cam - pe -

si - na.

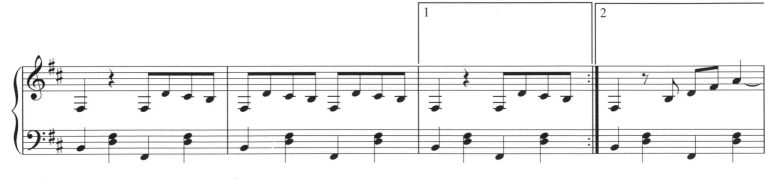

Oi - gan la

bu - lla, oi - gan la so - na - ji - lla oi - gan la bu - lla, oi - gan la so - na - ji - lla. Bai - len la

cum - bia, la cum - bia cam - pe - si - na bai - len la cum - bia, la cum - bia cam - pe - si - na.

Repeat and Fade   **Optional Ending**

CUMBIA DE MI TIERRA

Words and Music by
DELFO E. BALLESTAS SALINAS

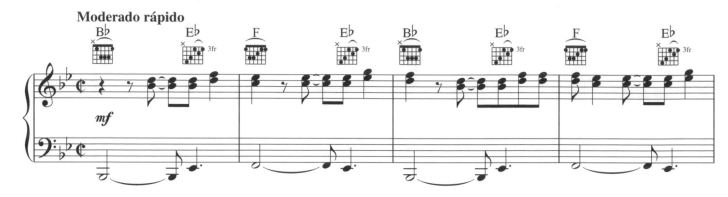

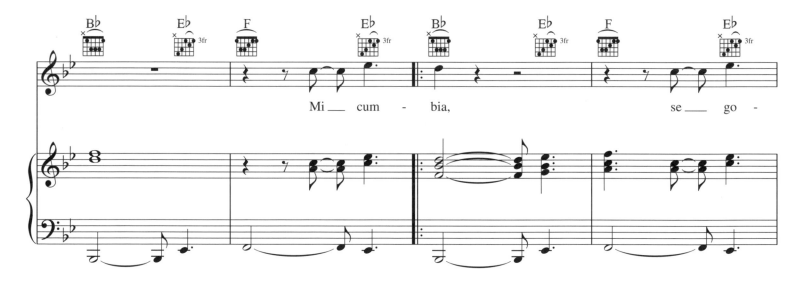

Mi ___ cum - bia, se ___ go -

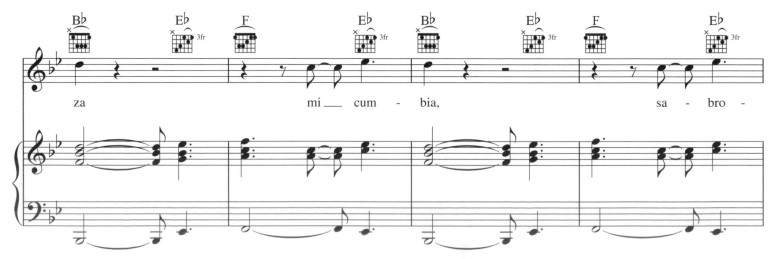

za mi ___ cum - bia, sa - bro -

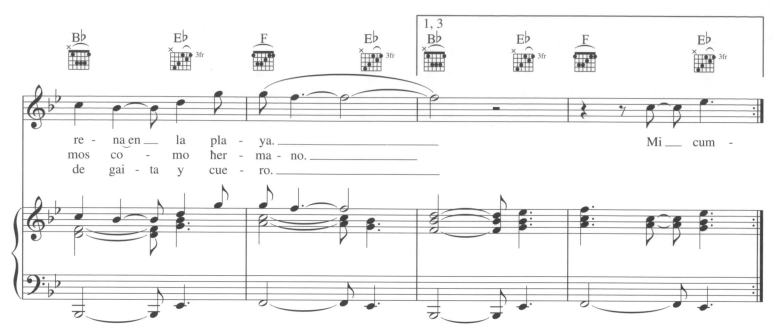

re - na en __ la pla - ya. _____
mos co - mo her - ma - no. _____
de gai - ta y cue - ro. _____

Mi __ cum -

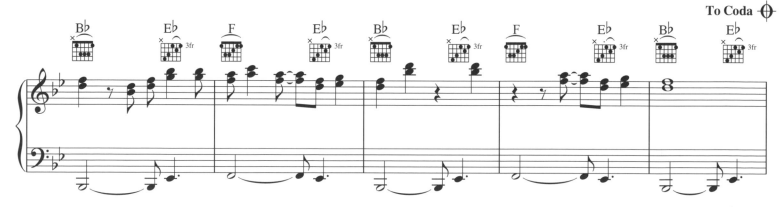

To Coda

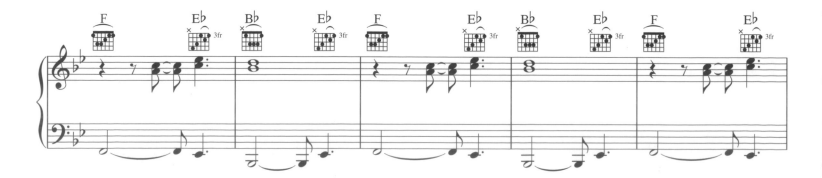

D.C. al Coda
(with repeat)

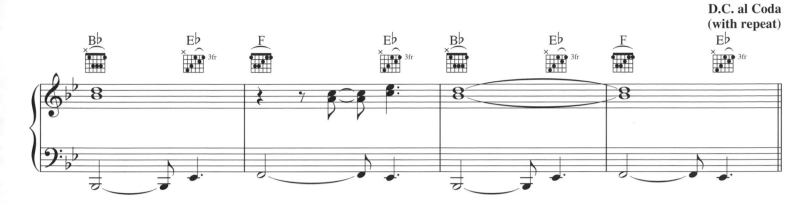

CODA

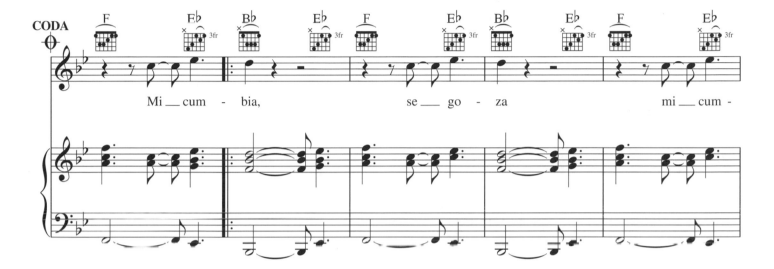

Mi __ cum - bia,   se __ go - za   mi __ cum -

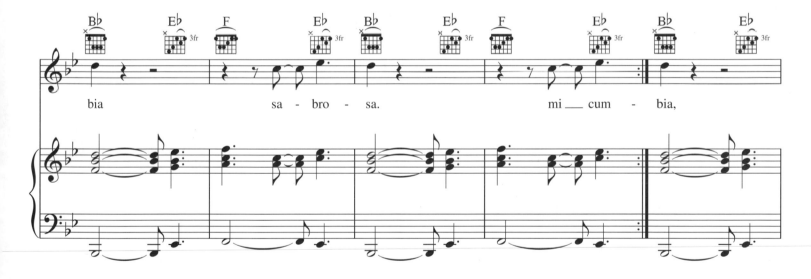

bia   sa - bro - sa.   mi __ cum - bia,

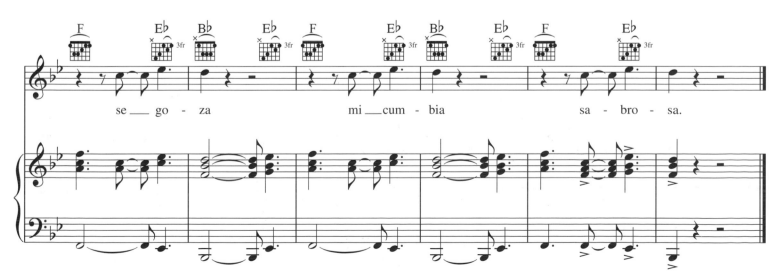

se __ go - za   mi __ cum - bia   sa - bro - sa.

CUMBIA DEL CARIBE

By EDMUNDO ARIAS VALENCIA

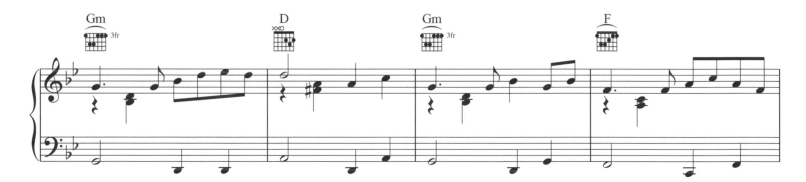

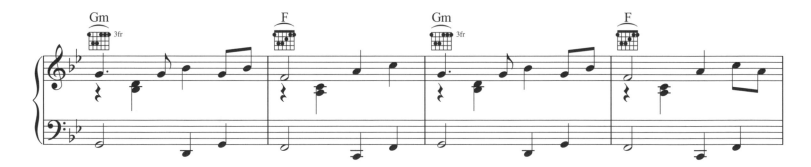

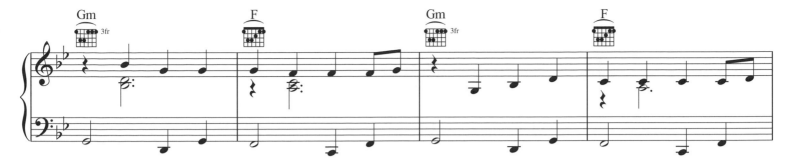

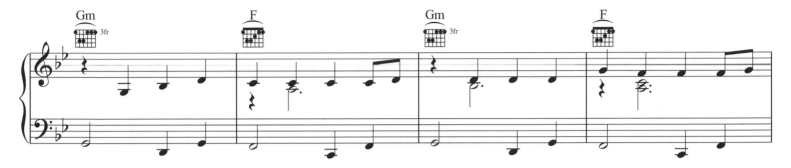

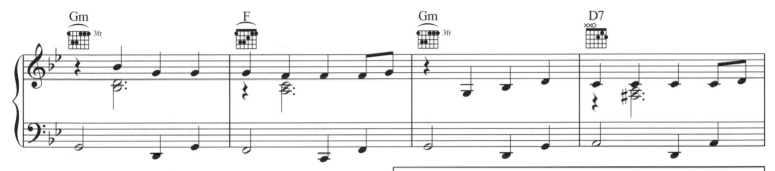

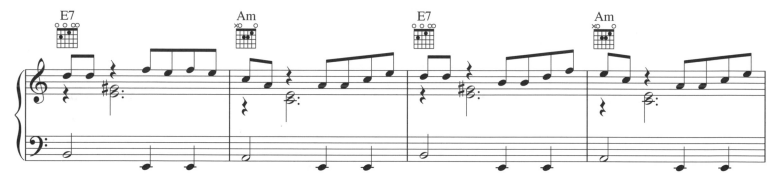

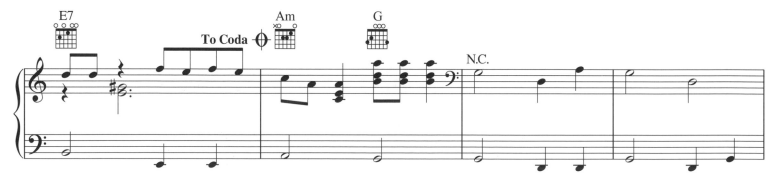

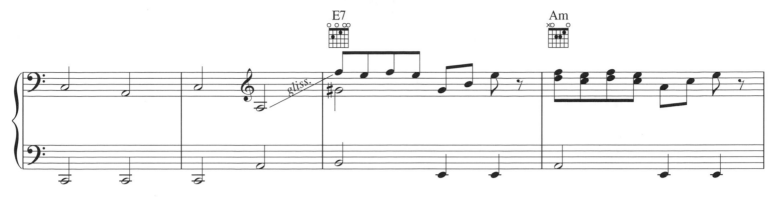

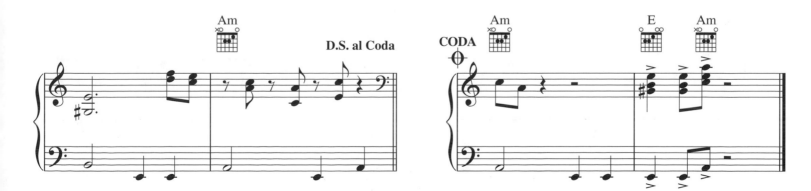

DISTANCIA

Words and Music by
JORGE E. COTTES BENÍTEZ

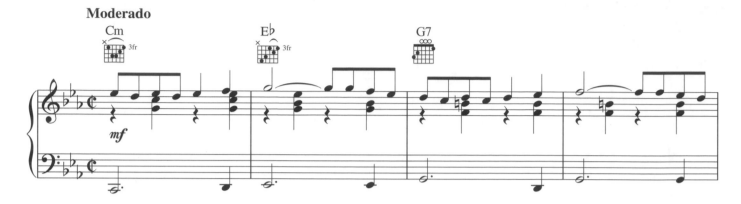

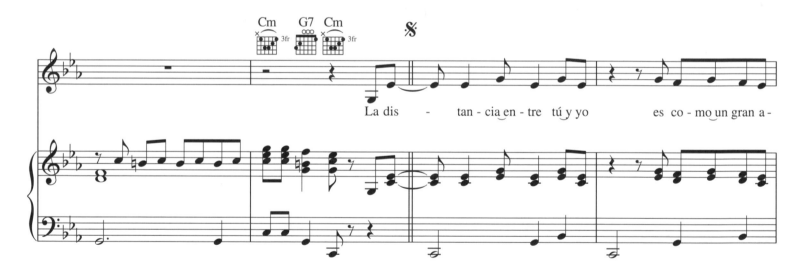

La dis - tan - cia en - tre tú y yo   es co - mo un gran a -

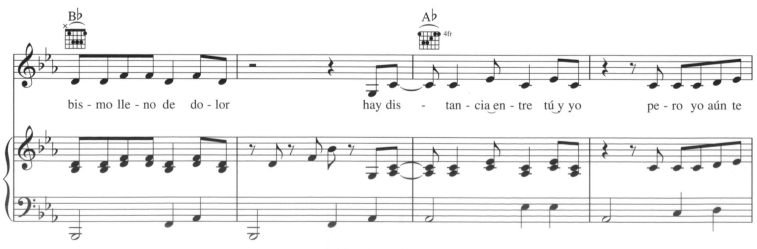

bis - mo lle - no de do - lor   hay dis - tan - cia en - tre tú y yo   pe - ro yo aún te

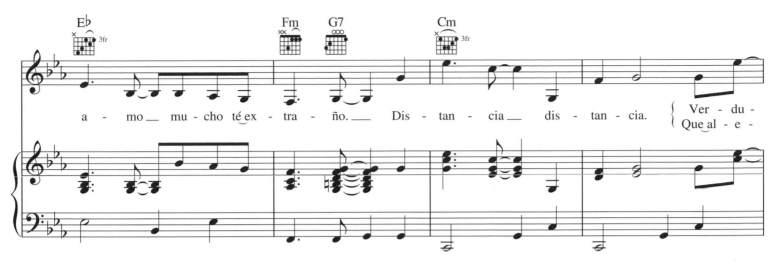

a - mo __ mu - cho té ex - tra - ño. __ Dis - tan - cia __ dis - tan - cia. { Ver - du -
{ Que al e -

- go cruel e im-pla-ca - ble de mi a - le-grí - a __ cas - ti -
- jas nues - tros ca - mi - nos cau-san-do he - ri - das __ y lle -

- gas a nues - tro a - mor __ cau-sas mi a - go - ní - a. __ Ten - go que
- nas de gris nos-tal - gia no - ches y dí - as. __ Tu tie - nes

re - co - no - cer, __ tu au - sen - cia me va a ma - tar, __
que com - pren - der __ que a - quel a - diós fue a - diós __

de na - da sir - ve fin - gir, ___ me a - go - bia es -
que hay mu - cho por com - par - tir ___ te ne - ce -

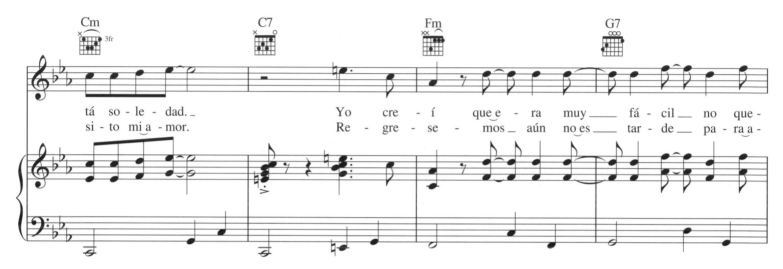

tá so - le - dad. _ Yo cre - í que e - ra muy ___ fá - cil ___ no que -
si - to mi a - mor. Re - gre - se - mos aún no es ___ tar - de ___ pa - ra a -

rer - te es - ta ba e - qui - vo - ca - do tú e - res mi a - mor por siem -
mar - te sa - ne - mos las he - ri - das que ___ del or - gu - llo na -

- pre, re - gre - sa a mí mue - ro sin tí, que a - ca - be ya, es - ta dis - tan - cia. _
- cen quie - ro vol - ver, quie - ro vol - ver que a - ca - be ya es - ta dis - tan - cia. _

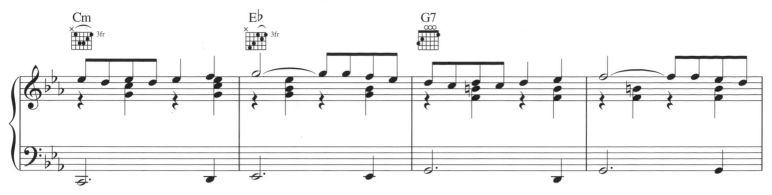

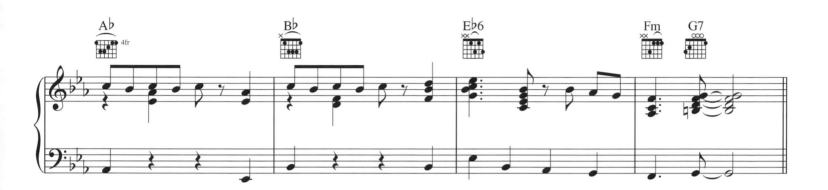

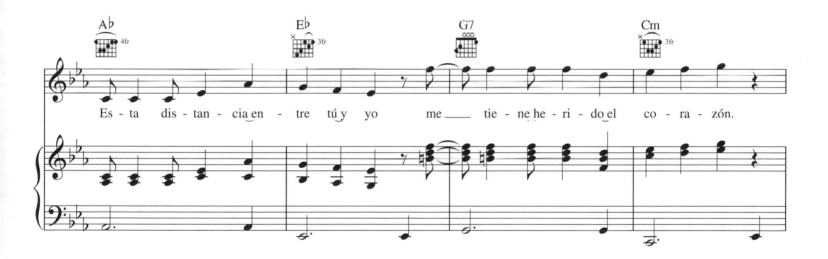

Es - ta dis - tan - cia en - tre tú y yo me tie - ne he - ri - do el co - ra - zón.

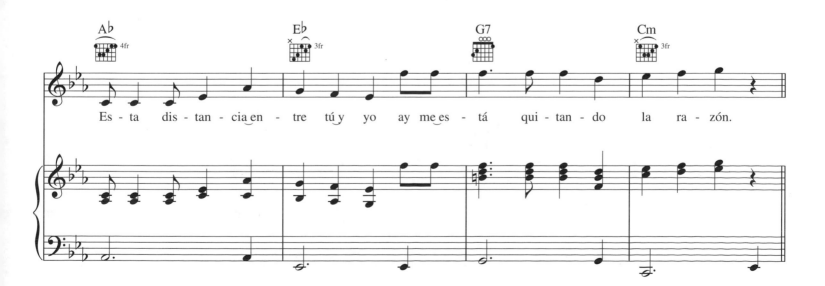

Es - ta dis - tan - cia en - tre tú y yo ay me es - tá qui - tan - do la ra - zón.

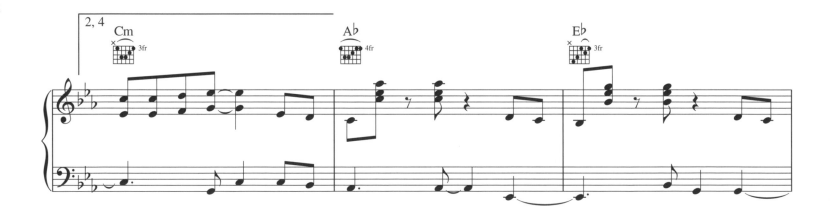

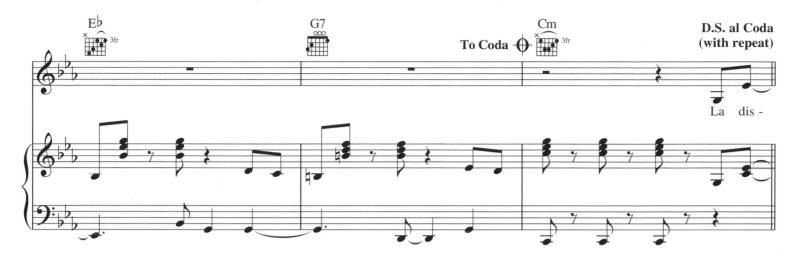

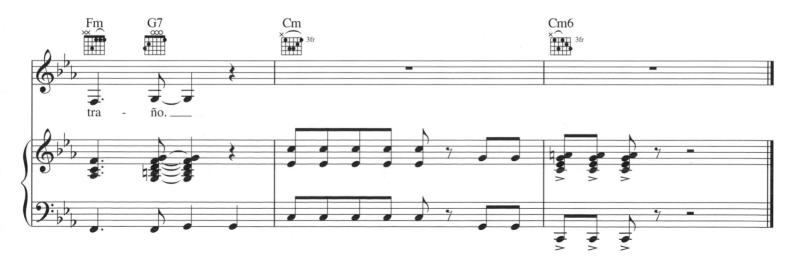

EL CUMBIAMBERITO

Words and Music by
MIGUEL IGNACIO PAREDES

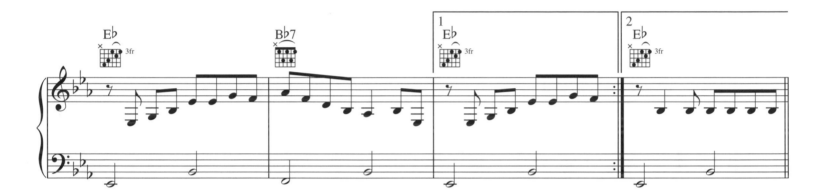

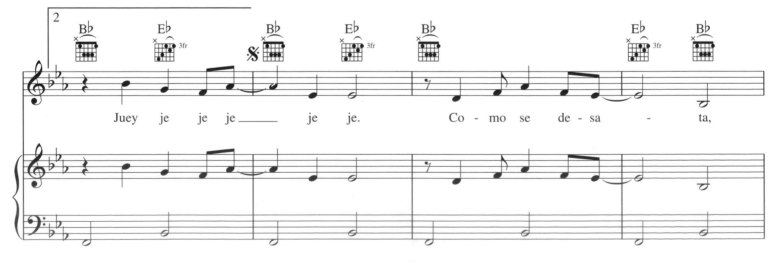

Juey je je je je je je je je.

Juey je je je je je. Co - mo se de - sa - ta,

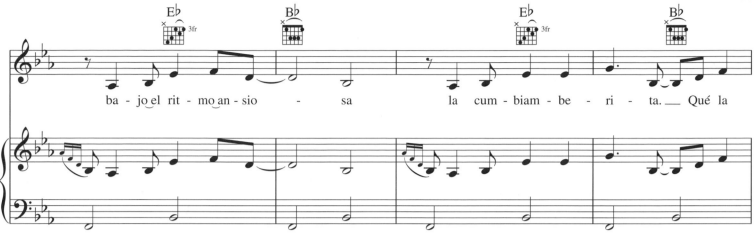

ba - jo el rit - mo an - sio - sa la cum biam - be - ri - ta. ___ Qué la

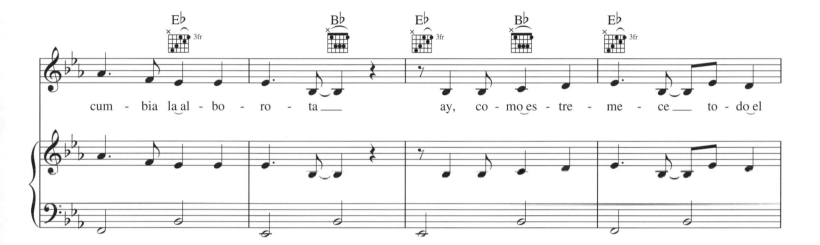

cum - bia la al - bo - ro - ta ___ ay, co - mo es - tre - me - ce ___ to - do el

cuer - po ___ de e - mo - ción. Es dé - bil com - pen - dio, ___ co - mo he -

ri - da del tam - bor. A - bran cam - po e - lla

gri - ta en - tu - sias - ma - da.   (La cum - biam - be - ri - ta.) __

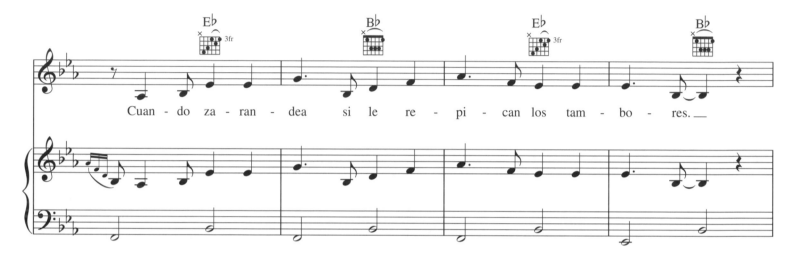

Cuan - do za - ran - dea si le re - pi - can los tam - bo - res. __

(La cum - biam - be - ri - ta.) __   Es que cuan - do bai - la e - so

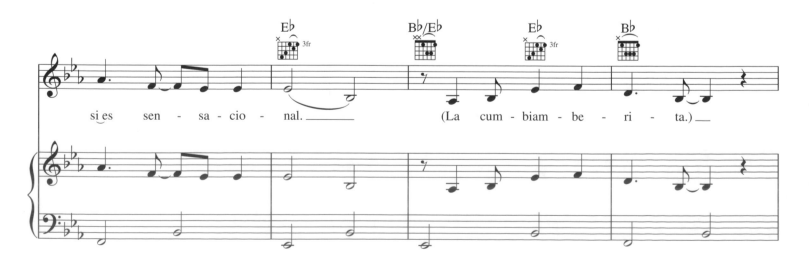

si es sen - sa - cio - nal. _____   (La cum - biam - be - ri - ta.) __

Cum - bia, cum - bia gri - ta, cum - bia ar - dien - te y tro - pi - cal. ____

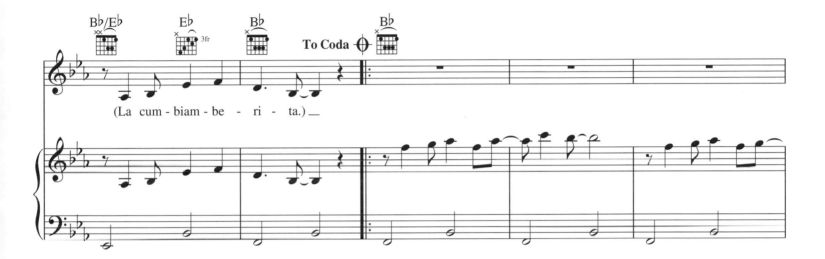

(La cum - biam - be - ri - ta.) __

To Coda

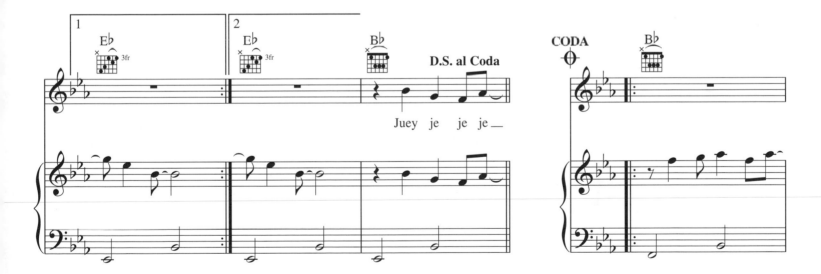

1

2

D.S. al Coda

Juey je je je __

CODA

Repeat and Fade

Optional Ending

GOLPE CON GOLPE

Words and Music by
VÍCTOR M. GUTIÉRREZ GONZÁLEZ

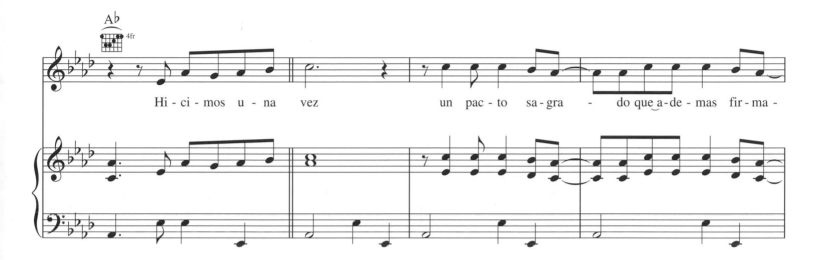

Hi - ci - mos u - na vez   un pac - to sa - gra - do que a-de-mas fir-ma-

- mos y lue - go ju - ra - mos nun - ca di - sol - ver. ___

Que tú e - ras pa - ra mí ___   que yo e - ra pa - ra tí ___ los dos pa - ra las bue -

es due-ño del ca-ri-ño q'u-na vez te dí.____ Y por e-so

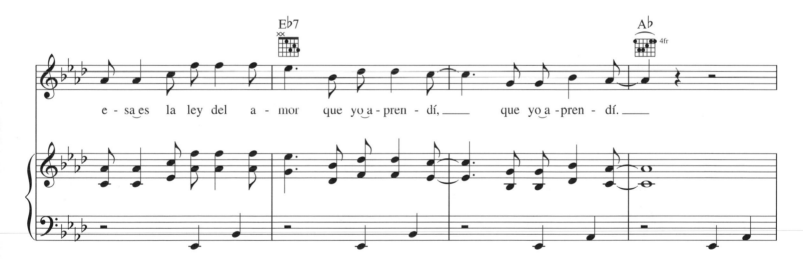

gol-pe con gol-pe yo pa-go be-so con be-so de-vuel-vo____

e-sa es la ley del a-mor que yo a-pren-dí,____ que yo a-pren-dí.____

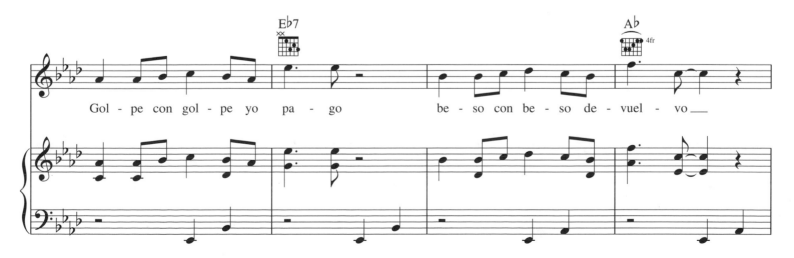

Gol-pe con gol-pe yo pa-go be-so con be-so de-vuel-vo____

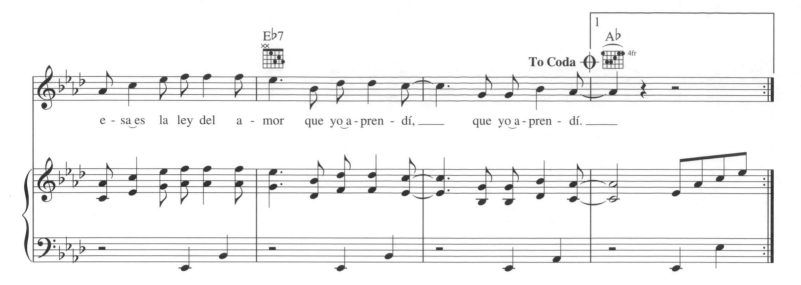

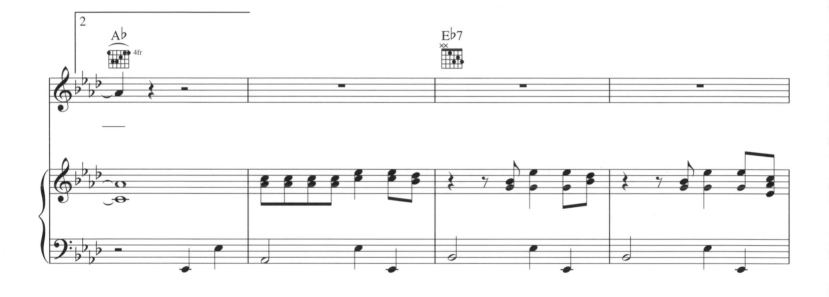

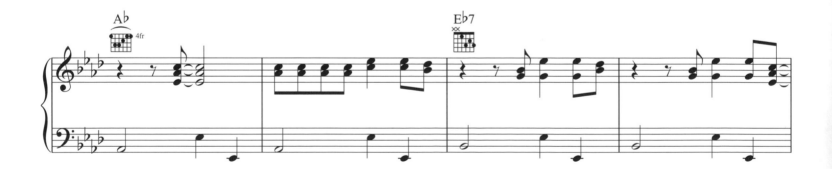

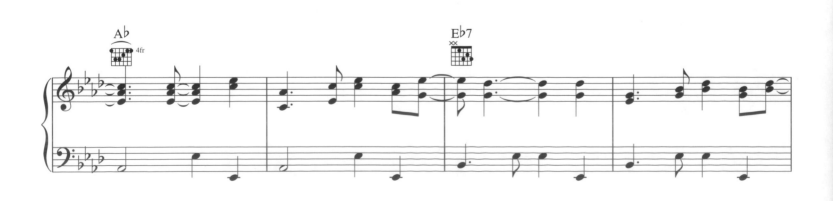

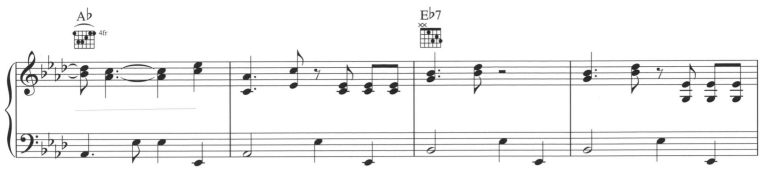

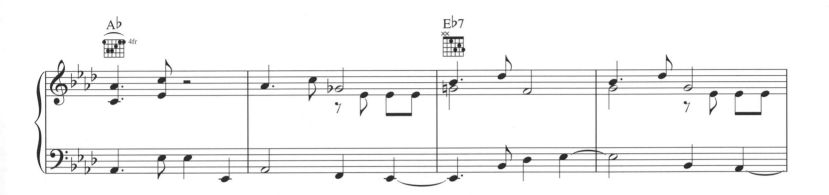

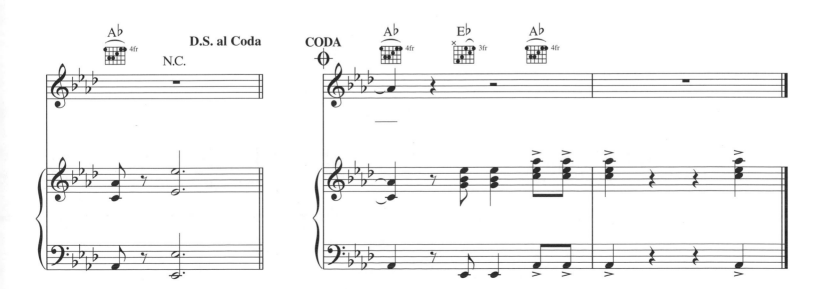

GUEPAJE

Words and Music by
EDMUNDO ARIAS VALENCIA

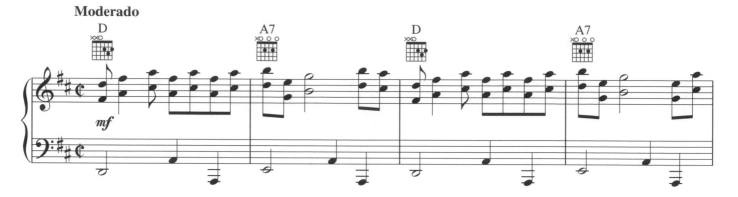

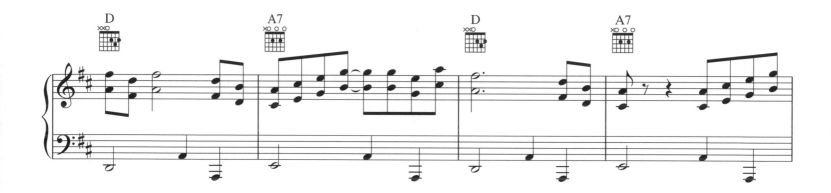

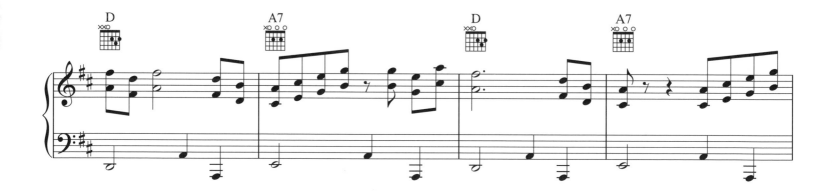

Pa' bai - lar la cum -

- bia cos - te - ña   pa' bai - lar la cum - bia can - de - la   se pre - ci - sa un lla -

- ma - dor __ u - na bue - na tum - ba - dor' __ se pre - ci - sa un a -

- cor - deón __ u - na bue - na gua - cha - ra - ca un buen ron pa - ra __

__ be - ber __ u - na bue - na flau - ta'e mi - llo y u - na ne - gra bien __

__ sa - bro - sa que me gri - te gue - pa - je. Gue - pa, gue - pa - je __

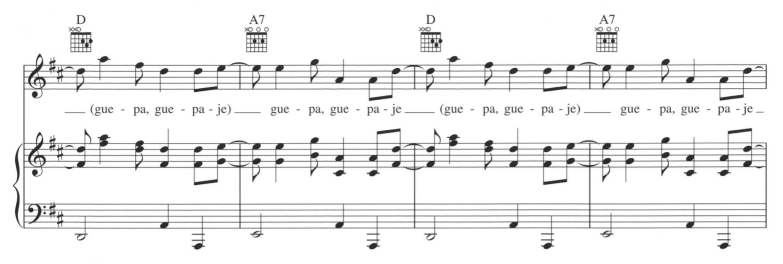

(gue - pa, gue - pa - je) — gue - pa, gue - pa - je — (gue - pa, gue - pa - je) — gue - pa, gue - pa - je —

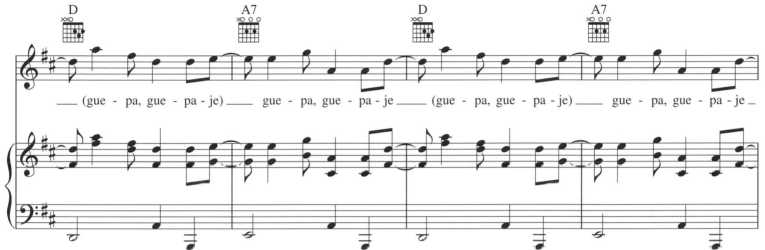

(gue - pa, gue - pa - je) — gue - pa, gue - pa - je — (gue - pa, gue - pa - je) — gue - pa, gue - pa - je —

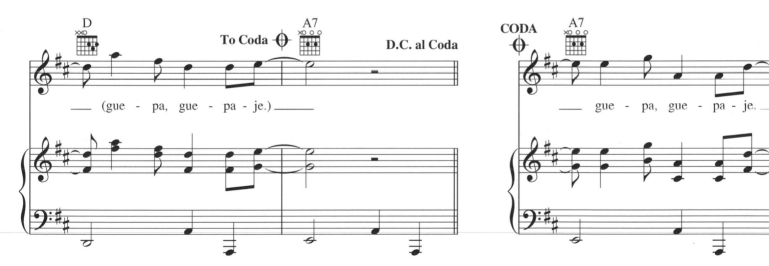

To Coda   D.C. al Coda

(gue - pa, gue - pa - je.) —

CODA

— gue - pa, gue - pa - je.

Repeat and Fade   **Optional Ending**

LA LUNA Y EL PESCADOR

Words and Music by
EDMUNDO ARIAS VALENCIA

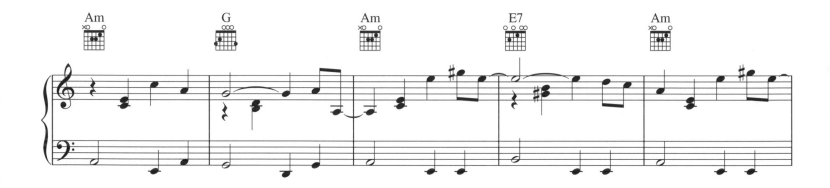

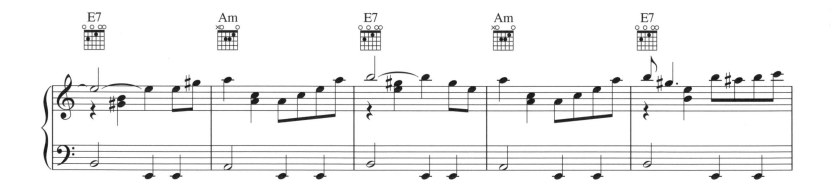

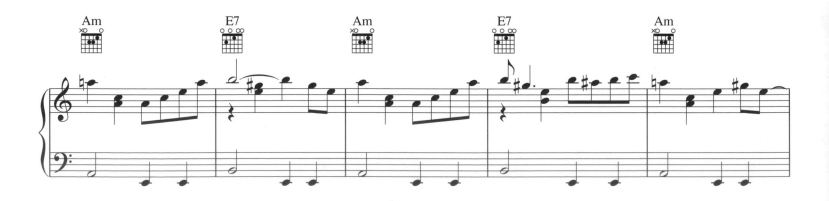

nan - do u - na can - ción   de - di - ca - da a su mo - re - na.
tan lar - ga la   no - che   y a - le - gre si - gue pes - can - do.
tie - ne a su mo - re - na   es - pe - rán - do - lo en la pla -   ya.

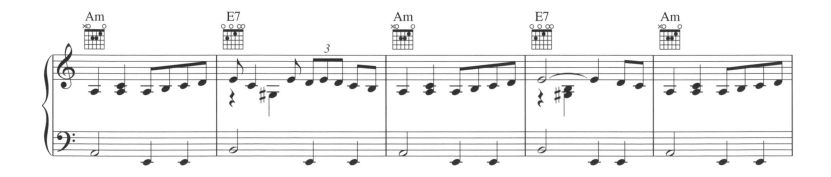

Repeat and Fade

Optional Ending

LA OAXAQUEÑA

Words and Music by
LUIZ PÉREZ CEDRÓN

Moderado rápido

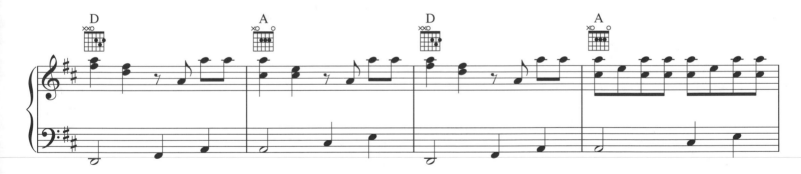

La oa - xa - que - ña no me qui - so que - rer   la oa - xa -

que-ña no me qui-so a-do-rar y se a-le-jó de-jan-do a-quí en mi ser de-si-lu-

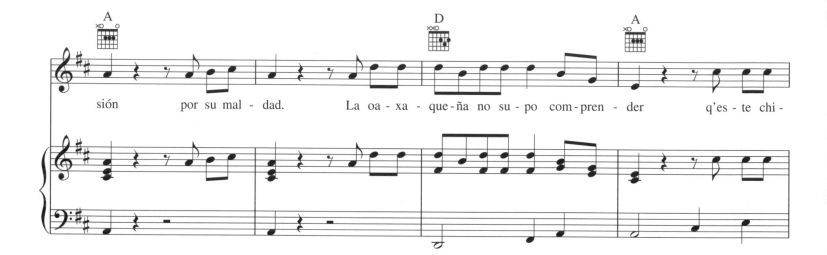

sión por su mal-dad. La oa-xa-que-ña no su-po com-pren-der q'es-te chi-

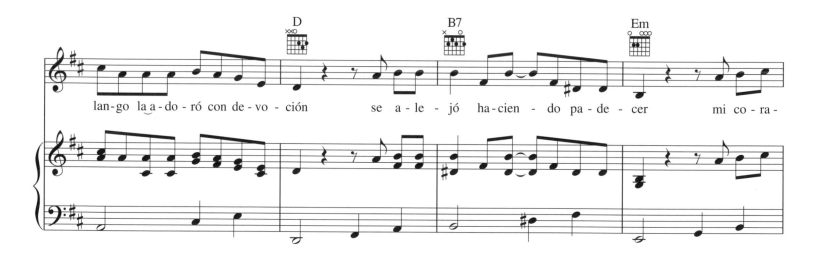

lan-go la a-do-ró con de-vo-ción se a-le-jó ha-cien-do pa-de-cer mi co-ra-

zón por su que-rer. La oa-xa-que-ña no me qui-so que-rer___ la oa-xa-

que-ña no me qui-so a-do-rar la oa-xa-que-ña no su-po com-pren-der ___ com-pren-

der mi ma-ne-ra de a-mar. ___ La oa-xa-que-ña, la oa-xa-que-ña, la oa-xa-

que-ña qué ma-la es la oa-xa-que-ña. La oa-xa-que-ña, la oa-xa-que-ña, la oa-xa-

que-ña qué ma-la es la oa-xa-que-ña.

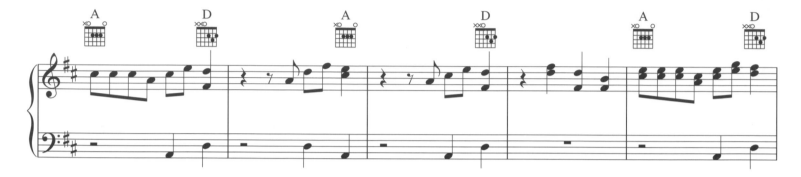

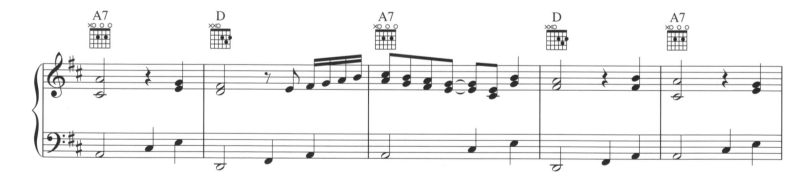

La oa - xa - que - ña, la oa - xa - que - ña, la oa - xa - que - ña qué ma - la es la oa - xa-

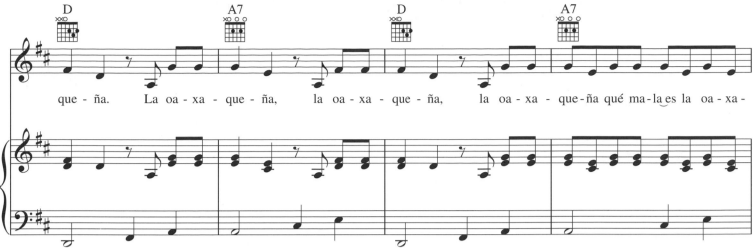

que - ña. La oa - xa - que - ña, la oa - xa - que - ña, la oa - xa - que - ña qué ma - la es la oa - xa -

que - ña.

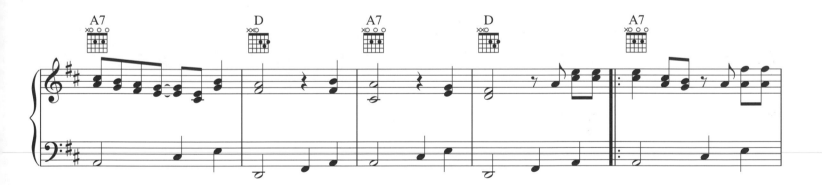

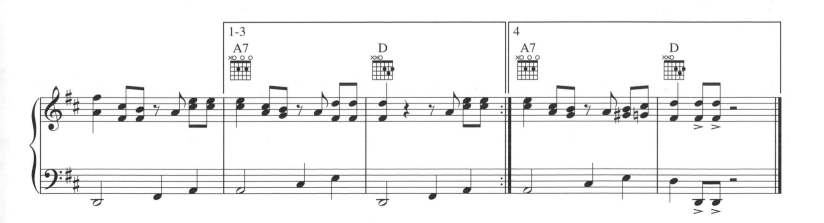

LA POLLERA COLORÁ

Words and Music by WILSON CHOPERENA
and JUAN MADERA

Moderado rápido

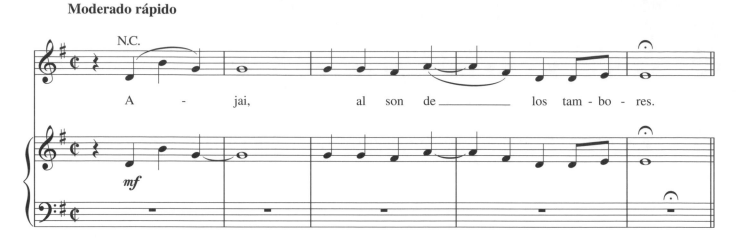

A - jai, al son de _____ los tam-bo-res.

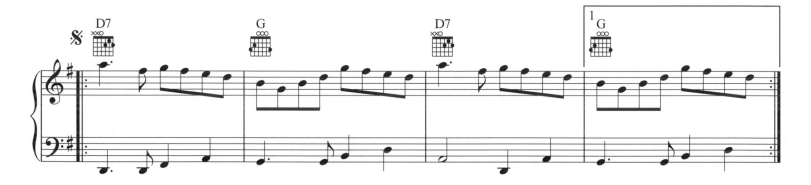

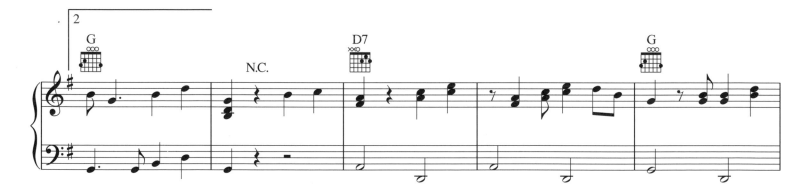

A - jai,
A - jai,

al son de los tam - bo - res ___ es - a ne - gra se a - ma - ña ___
cuan - do le can - to a So - le - dad ___ yo me sien - to con - ten - to ___

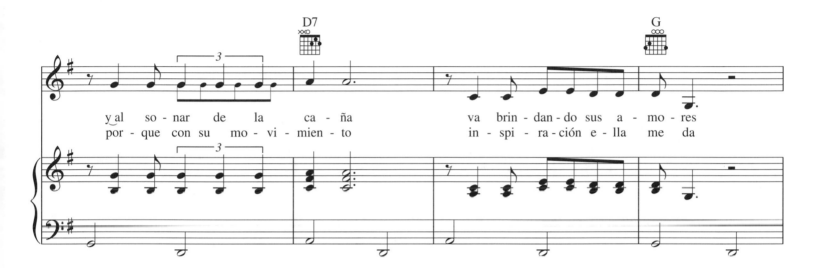

y al so - nar de la ca - ña va brin - dan - do sus a - mo - res
por - que con su mo - vi - mien - to in - spi - ra - ción e - lla me da

es la ne - gra So - le - dad la que go - za mi cum - bi - a ___
tie - ne co - lor de ca - ne - la y mu - cho o - lor a la pi - mien - ta ___

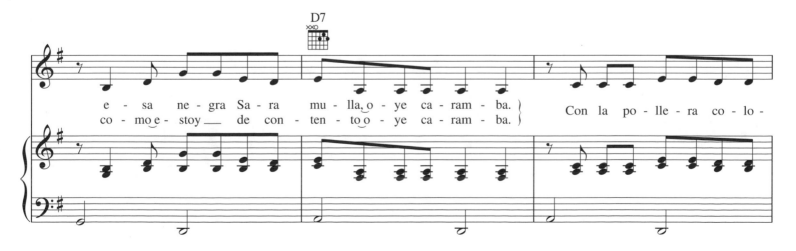

e - sa ne - gra Sa - ra mu - lla o - ye ca - ram - ba.
co - mo e - stoy ___ de con - ten - to o - ye ca - ram - ba. } Con la po - lle - ra co - lo -

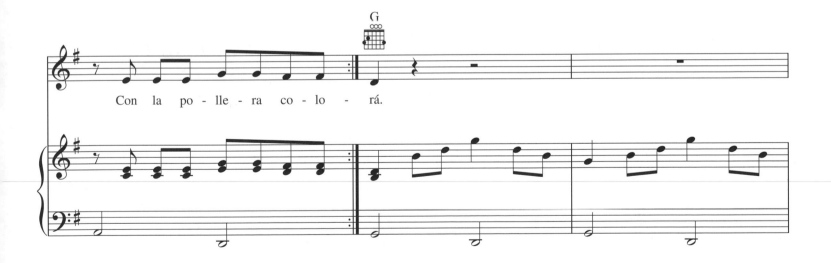

LOS AMORES DE PETRONA
(Como Se Apagan Las Velas)

Words and Music by
JULIAN PÉREZ CARVAJALINO

En — la rue - da del cum - bión   sus — a - mo - res em - pe - za-

- ron

los__ a - mo - res de Pe - tro - na con__ Lu - cho Fran - cis - co Ra -

- mos.

En__ la rue - da del cum - bión sus__ a - mo - res a - ca - ba -

- ron

co - mo se a - pa - gan las ve - las cuan - do se es - tán a - ca - ban -

- do.

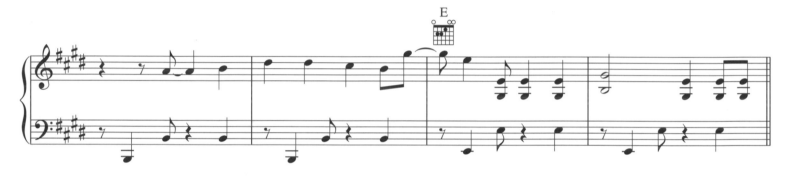

Los _ a - mo - res de Pe - tro - na

fue - ron u - na ex - ha - la - ción

aho - ra es - tán de bo - ca en bo - ca

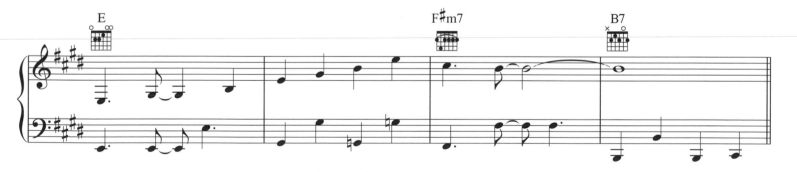

es___ u - na mur - mu - ra - ción.

To Coda ⊕

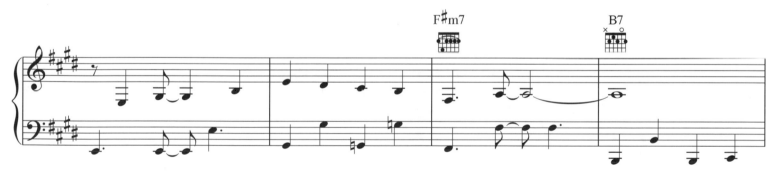

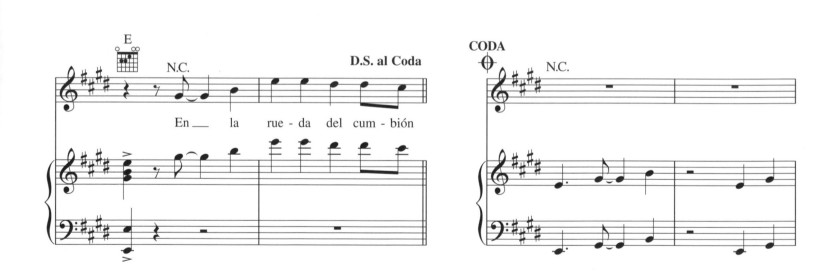

En ___ la rue - da del cum - bión

D.S. al Coda

CODA

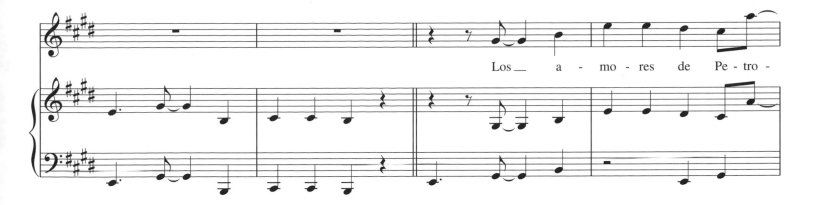

Los＿ a - mo - res de Pe - tro-

- na fue - ron u - na ex - ha - la - ción

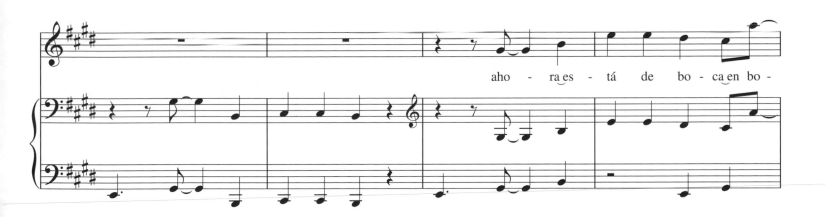

aho - ra es - tá de bo - ca en bo -

- ca es＿ u - na mur - mu - ra - ción.

Los __ a - mo - res de Pe - tro -

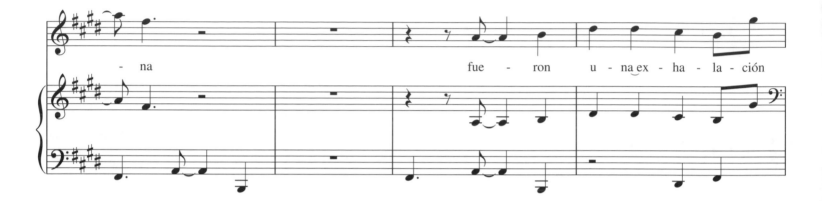

- na fue - ron u - na ex - ha - la - ción

LUZ DE CUMBIA

Words and Music by
JOSÉ VELÁSQUEZ HURTADO

Rápido

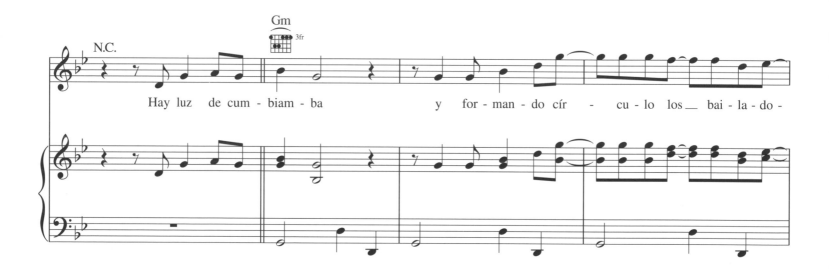

Hay luz de cum - biam - ba   y for - man - do cír - cu - lo los___ bai - la - do -

- res lle - van es - per - mas pren - di - da_____   se o - ye de ma - dru -

ga - da ___ gol - pes de tam - bo ___ res y un gri - to a - le ___ gre don - de bai - lan -

- la cum - biam - ba. Lin - da tra - di - ci - ón

de un folk - lo - re a - le ___ gre que _ le da luz ___ y be - lle - za a mi ___ tie - rra co - lom - bia -

- na y es - ta es la cum - biam - ba ____ y mu - chos la can -

-tan por-que le ha-ce____ dar la sen-sa-ción____ de bai-lar-la.

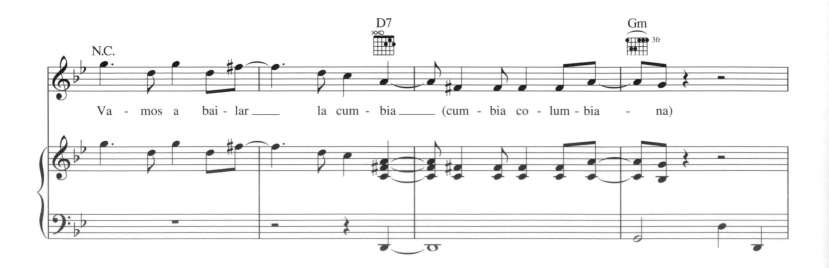

Va-mos a bai-lar____ la cum-bia____ (cum-bia co-lum-bia____ -na)

va - mos a go - zar - la ___ (cum - bia co - lum - bia - na) e - sa es la cum -

- bia, la que yo lle - vo en el al - ma (cum - bia co - lum - bia - na)

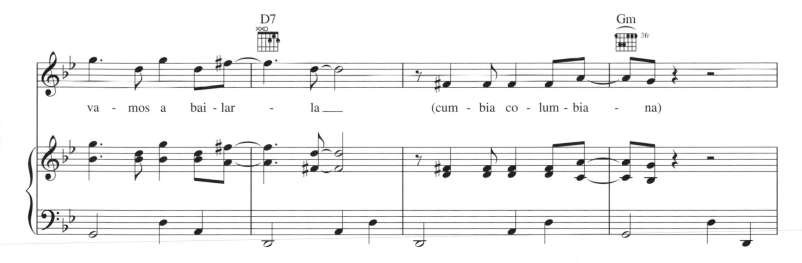

va - mos a bai - lar - la ___ (cum - bia co - lum - bia - na)

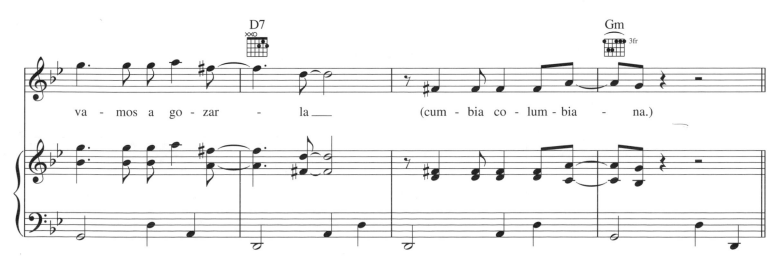

va - mos a go - zar - la ___ (cum - bia co - lum - bia - na.)

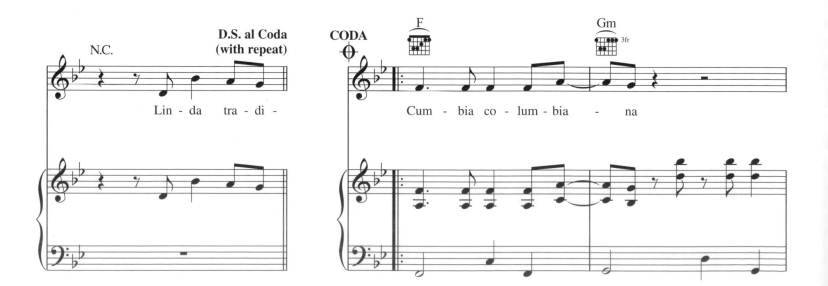

cum - bia co - lum - bia -

- na.

MARUJA

Words and Music by
ISAAC VILLANUEVA MENDOZA

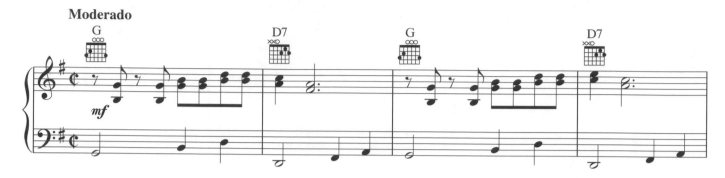

Ma - ru - ja tu tie - nes que com - pren - der   que yo no na - cí pa - ra u -
ru - ja tu tie - nes que com - pren - der   que yo soy el ne - gro más

na mu - jer. Ma - ru - ja tu tie - nes que com - pren - der que yo no na - cí pa - ra u -
sa - bro - són, Ma - ru - ja tu tie - nes que com - pren - der que yo soy el ne - gro más

na mu - jer. _____ Si - los man - da - mien - tos di - cen
sa - bro - són. _____ Si ten - go tres co - sas bue - nas

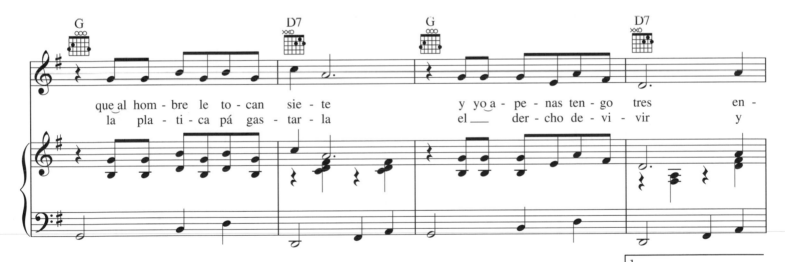

que al hom - bre le to - can sie - te y yo a - pe - nas ten - go tres en -
la pla - ti - ca pá gas - tar - la el ___ der - cho de vi - vir y

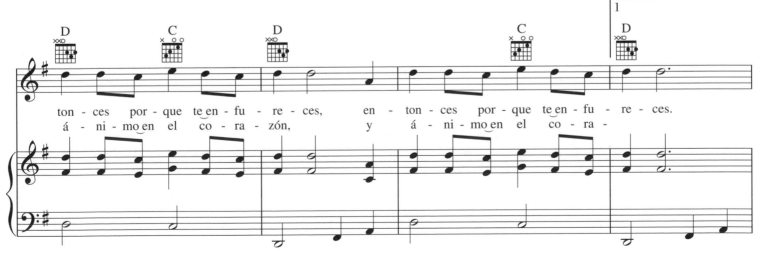

ton - ces por - que te en - fu - re - ces, en - ton - ces por - que te en - fu - re - ces.
á - ni - mo en el co - ra - zón, y á - ni - mo en el co - ra -

Ma - zón.

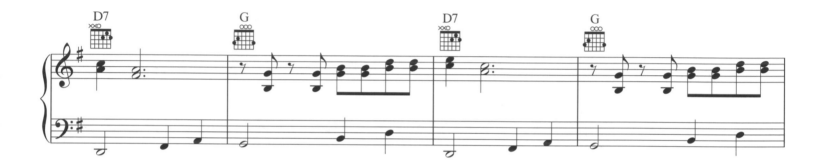

(Ma - ru - ja!)   (Ma - ru - ja!)

(Ma - ru - ja!)   (Ma - ru - ja!)

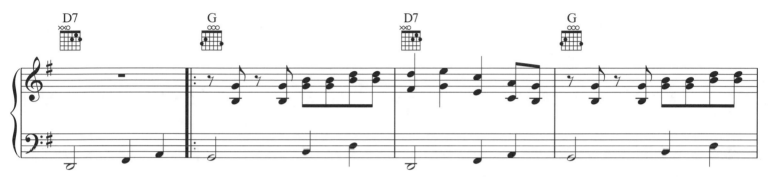

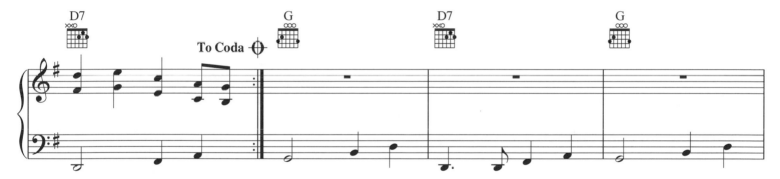

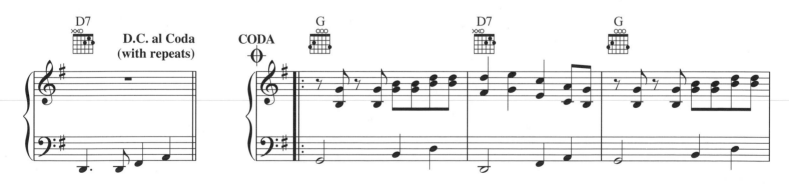

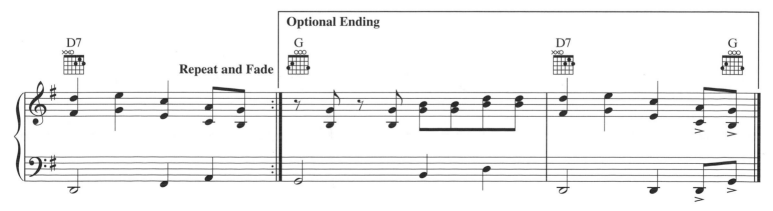

METE Y SACA

Words and Music by
ISAAC VILLANUEVA MENDOZA

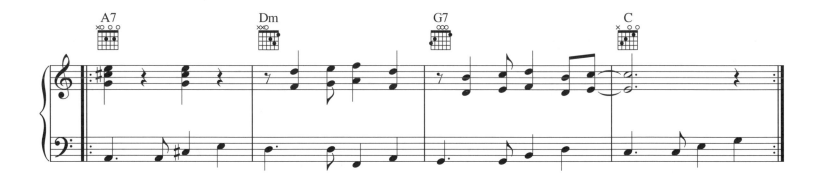

El que quie-ra sa - ran-dear que se a-pun-te a la pun-ta_____ bai - lar.

El que quie-ra sa - ran-dear que se a-pun-te a la pun-ta_____ bai-lar.

Pe - ro tie - ne que can - tar: Me, me, me-te y sa - ca,

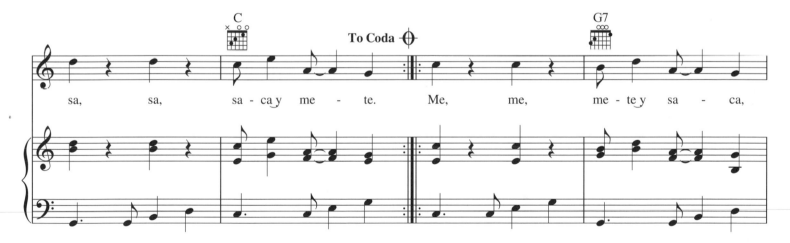

sa, sa, sa-ca y me - te. Me, me, me-te y sa - ca,

To Coda ⊕

sa, sa, sa-ca y me - te. Me, me, me-te y sa - ca,

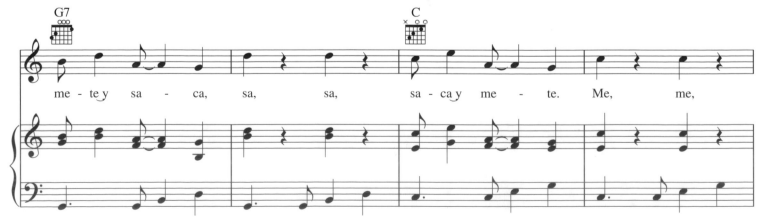

me - te y sa - ca, sa, sa, sa - ca y me - te.

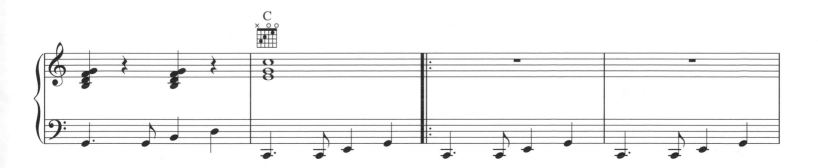

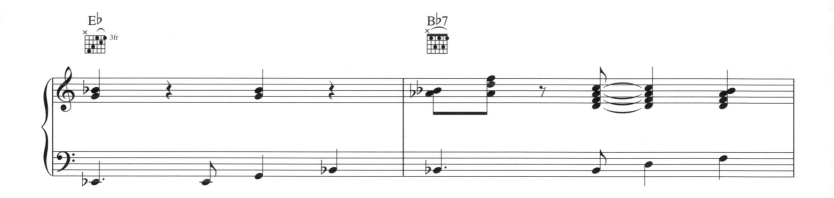

NOCHES DE ESTRELLAS

Words and Music by
ENRIQUE A. GUILLÉN HIDALGO

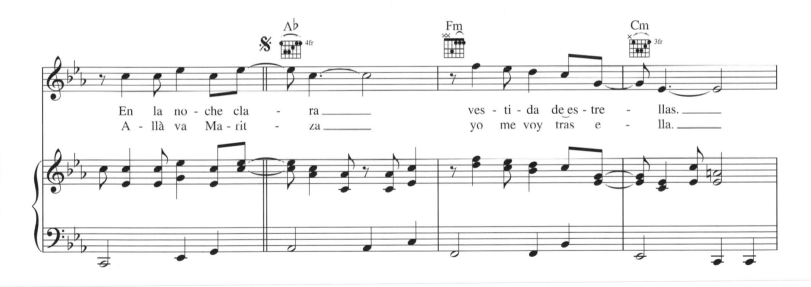

En la no-che cla-ra _____ ves-ti-da de es-tre - llas. _____
A - llá va Ma-rit - za _____ yo me voy tras e - lla. _____

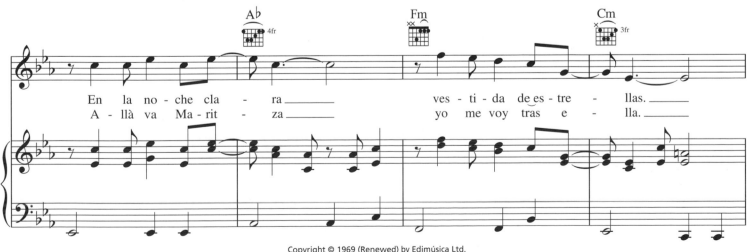

En la no-che cla-ra _____ ves-ti-da de es-tre - llas. _____
A - llá va Ma-rit - za _____ yo me voy tras e - lla. _____

Sue - nan los tam - bo - res en ___ las ____ pla - yas de Mar - be -
A bai - lar la cum - bia en ___ las ____ pla - yas de Mar - be -

- lla.
- lla.
Sue - nan los tam - bo - res en ___ las ___
A bai - lar la cum - bia en ___ las ___

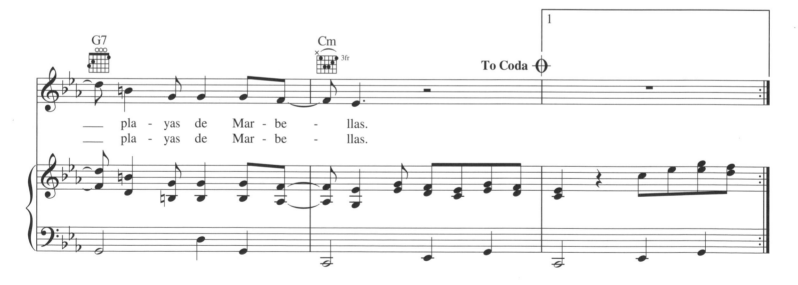

1

To Coda

___ pla - yas de Mar - be - llas.
___ pla - yas de Mar - be - llas.

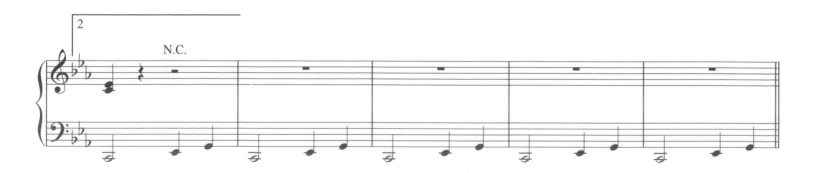

2

N.C.

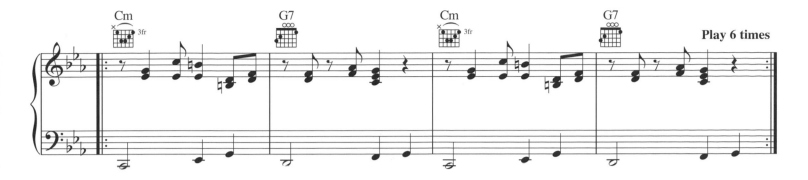

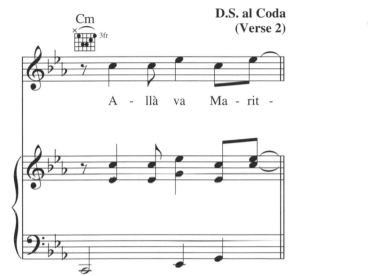

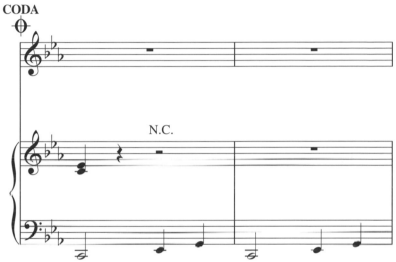

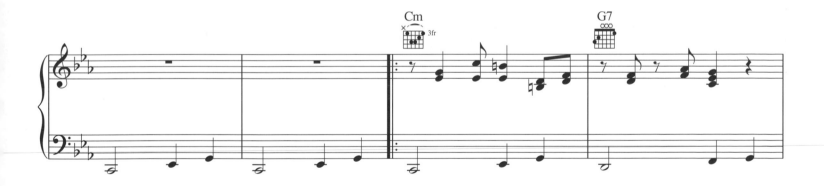

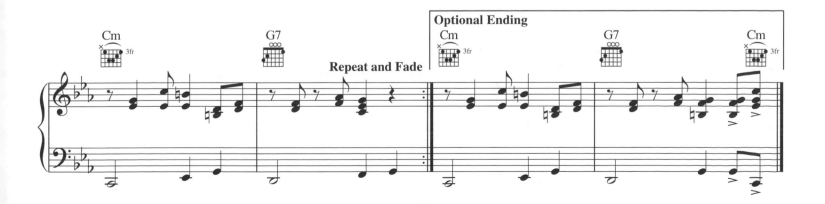

RITMO DE TAMBO

Words and Music by
LUIS BERNARDO SALDARRIAGA

Moderado

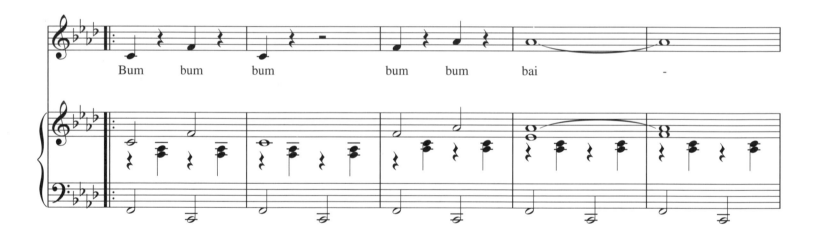

Bum bum bum bum bum bai

la.

Es - ta cum - bia tro - pi - cal
Las hem - bras se ven pa - sar
To - dos quie - ri - mos bai - lar

con su par-pa-dear de ve-las   es al-go sen-ti-men-tal _____
on-du-lan-do su oin-tu-ra   co-mo si-re-na del mar _____
ba-jo_el em-bru-jo del tam-bo' _____ es-te rit-mo tro-pi-cal _____

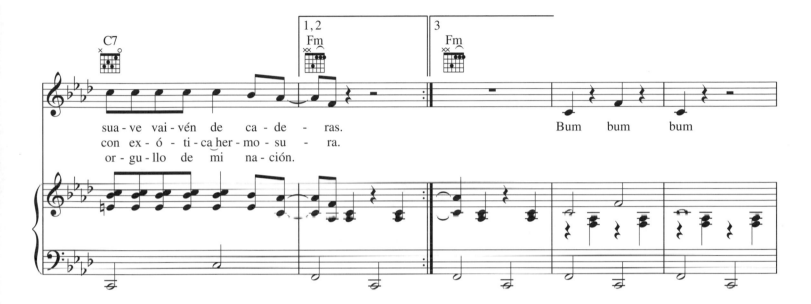

sua-ve vai-vén de ca-de-ras.
con ex-ó-ti-ca_her-mo-su-ra.
or-gu-llo de mi na-ción.

Bum bum bum

bum bum bai - la. _____

SANTO DOMINGO

Words and Music by
ALBERTO Q. PACHECO BALMACEDA

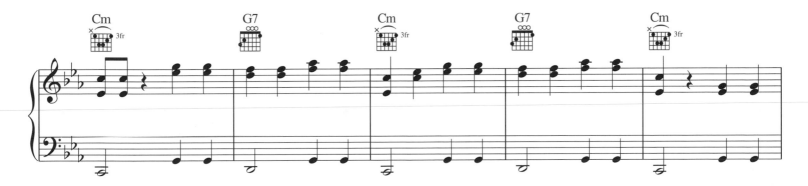

98

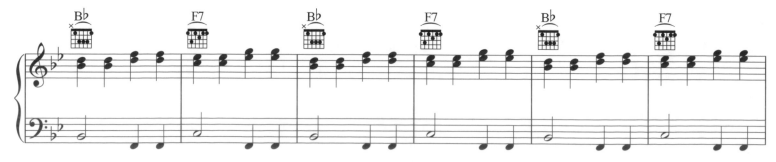

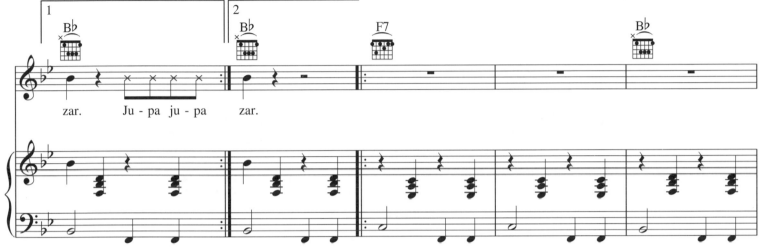

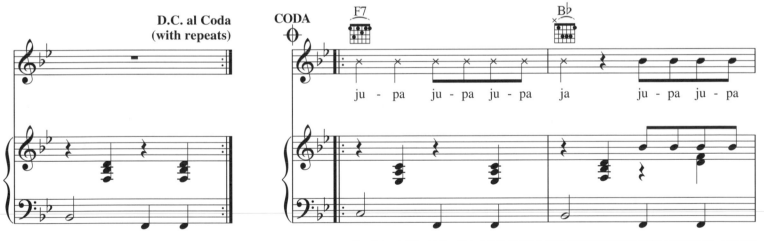

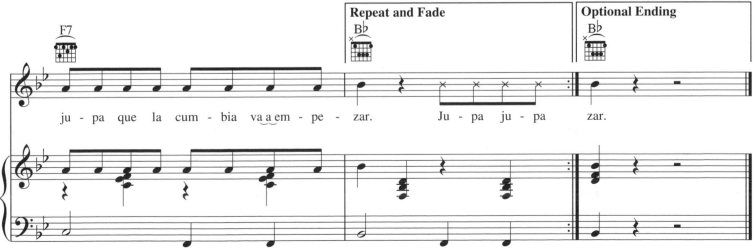

SE ME PERDIÓ LA CADENITA

Words and Music by
LUIS PÉREZ CEDRÓN

Moderado rápido

Car - men se me per - dió la ca - de - ni - ta con el Cris - to del Na - za -
Car - men pe - ro me que - da tu re - tra - to el lin - do pa - ñue - li - to

re - no que tú___ me re - ga - la - ste, Car - men que tú___ me re - ga -
blan - co y el ri - zo de tus ca - be - llos, Car - men y el ri - zo de tus ca -

la - ste, que tú___ me re - ga - las - te.
be - llos, y el ri - zo de tus ca - be - llos.

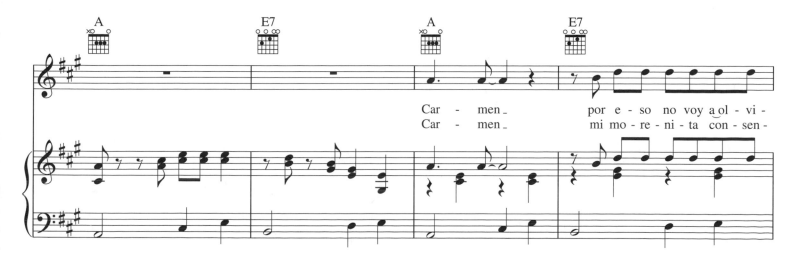

Car - men___ por e - so no voy a ol - vi -
Car - men___ mi mo - re - ni - ta con - sen -

dar - te ___ sí aho - ra ___ te lle - vo den - tro Car - men, muy den - tro de mi
ti - da ___ tú e - res par - te de mi vi - da car - men, tú y ___ el Na - za -

pe - cho a tí ___ y al Na - za - re - no, a tí ___ y al Na - za -
re - no, tú y ___ el Na - za - re - no, tú y ___ el Na - za -

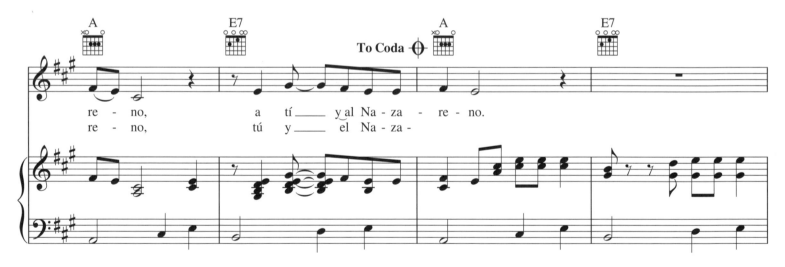

re - no, a tí ___ y al Na - za - re - no.
re - no, tú y ___ el Na - za -

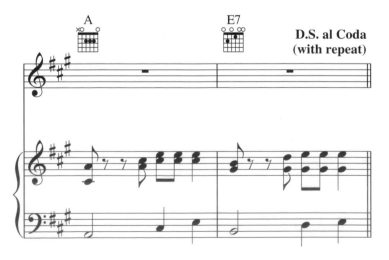

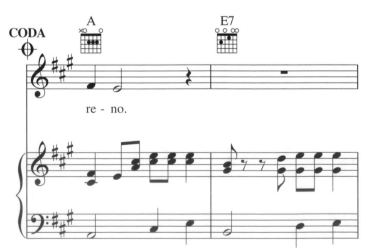

re - no.

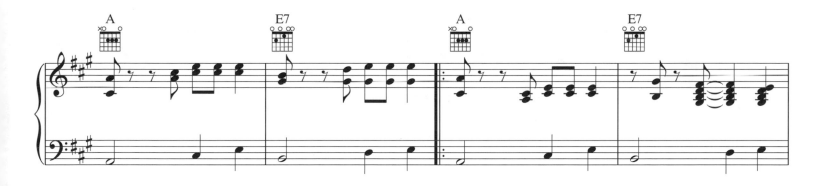

SOLEDAD

Words and Music by
ENRIQUE BONFANTE CASTILLA

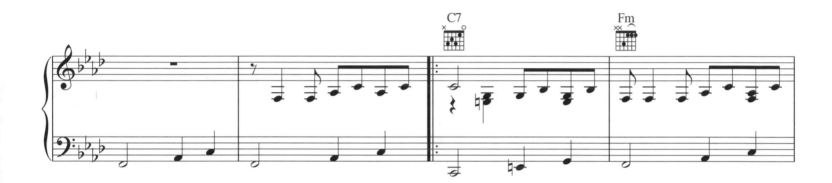

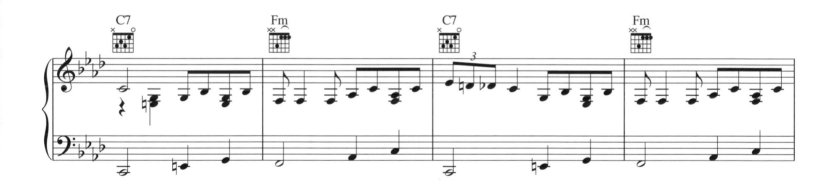

En la _____ mar yo me en - con - tra - ba en u -
Lue - go _____ me a-cer - qué a la pla - ya le can -

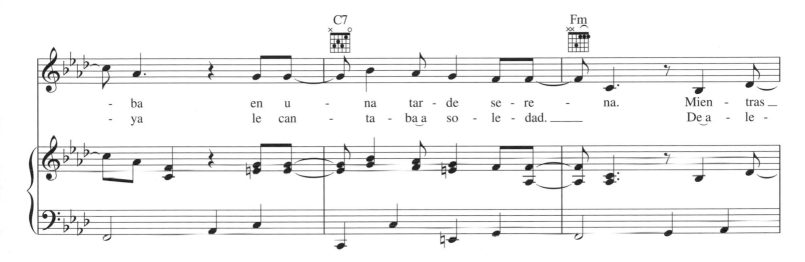

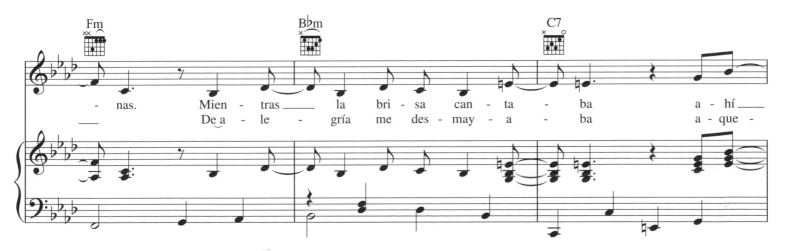

cal - ma - ba mis pe - nas.) En la mar,_____ en la mar_
- lla tar - de en la mar._____

_____ mis pe - nas pu - de cal - mar._____ En la mar,_

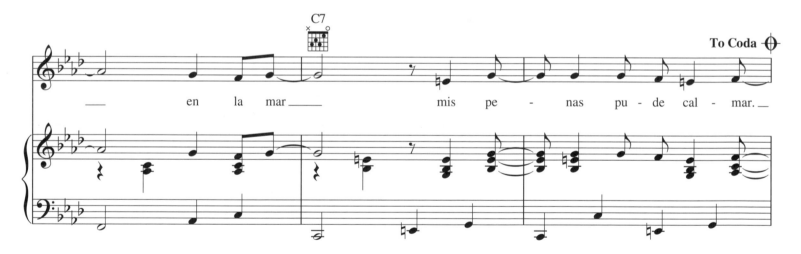

_____ en la mar _____ mis pe - nas pu - de cal - mar._

To Coda

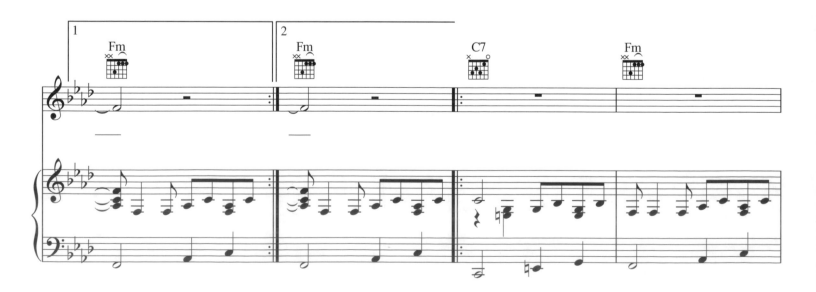

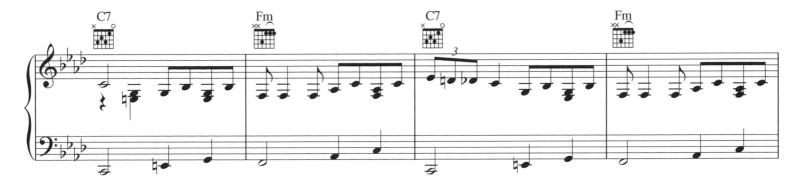

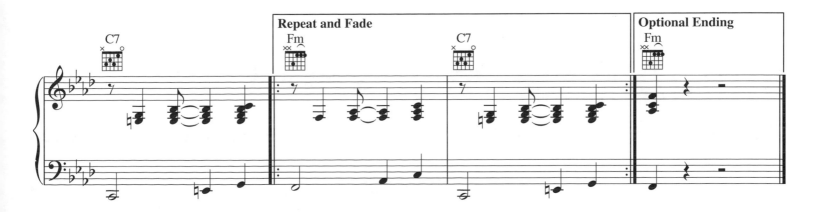

SUAVE BRUTA

Words and Music by
ANGELA GONZÁLEZ

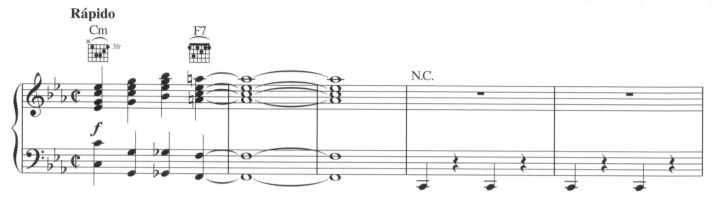

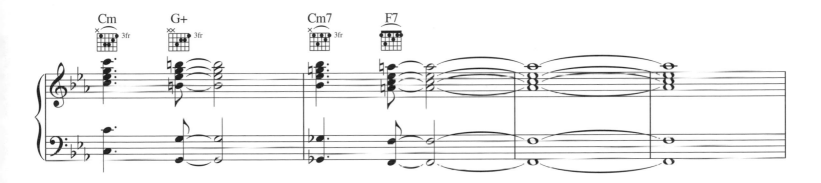

Ya yo no soy un pe - lao   ya yo no soy un pe - lao.

Re - ci - bió un be - so Na - ti - ca   pri - me - ra vez en su vi -

A - vi - san de Bo - ca - chi - ca   q'en el _____ can - dil de Me - di -

-da.   Re - ci - bió un be-so Na - ti - ca   pri - me - ra vez en su vi-
-na.   A - vi - san de Bo - ca-chi - ca   q'en el____ can - dil de Me - di-

-da. So - bre la dan - za mí - a   en el pa-tio de____ Ber - til - da.
-na. Se fue a mo - rir____ sa - bi - na   ti - ran-do di - na - mi - ta.

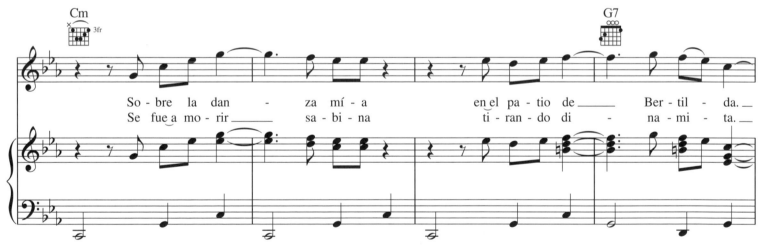

So - bre la dan - za mí - a   en el pa-tio de____ Ber - til - da.__
Se fue a mo - rir____ sa - bi - na   ti - ran-do di - na - mi - ta.__

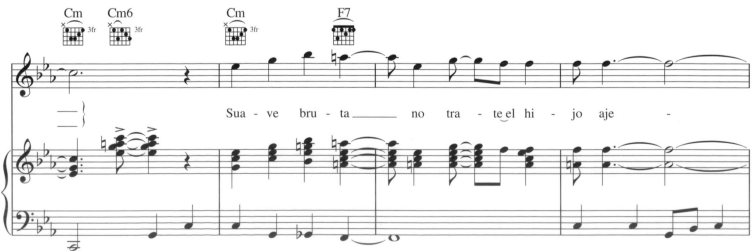

Sua - ve bru - ta____ no tra - te el hi - jo a je -

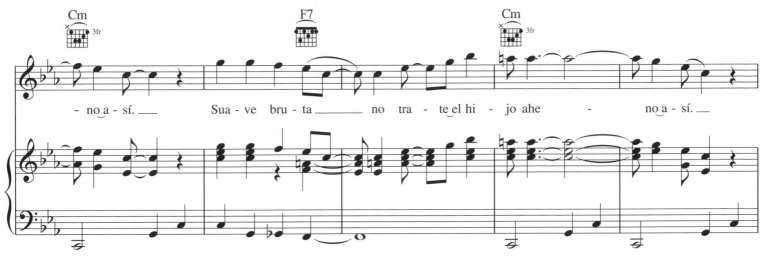

- no a - sí.___ Sua - ve bru - ta_____ no tra - te el hi - jo ahe ____ no a - sí.___

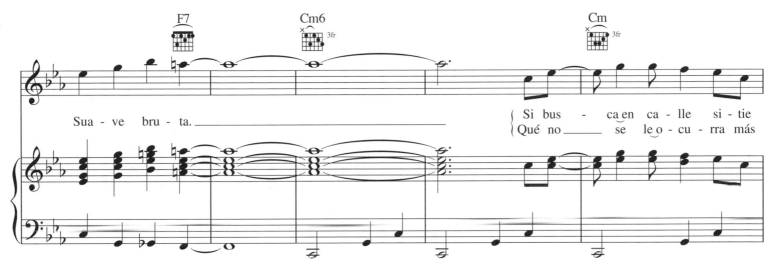

Sua - ve bru - ta. _____

Si bus - ca en ca - lle si - tie
Qué no ____ se le o - cu - rra más

me pa - re - ce que pa - re - ce que pa - re - ce. De - pués ___ que mi Dios le ha to - ca'o
le o - cu - rra le que qué no se, que no ___ se. Mon - tar - se en a - que - llo ___ tra - ba'o. _

___ por re - gla de bo - qui - ta en bo - ca de len - gua lar - go -
___ Le de - jó u - na cos - ti - lla ro - ta u - na pa - ti - ca flo -

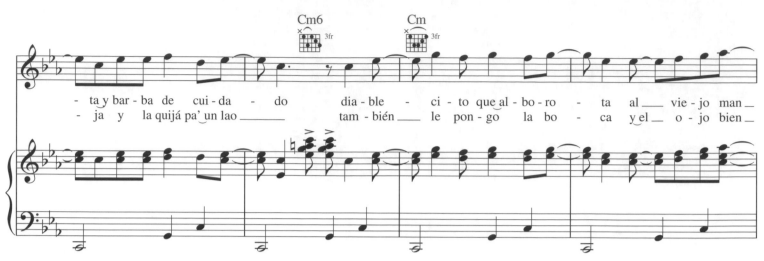

-ta y bar - ba de cui - da - do dia - ble - ci - to que al - bo - ro - ta al __ vie - jo man
-ja y la quijá pa' un lao __ tam - bién __ le pon - go la bo - ca y el o - jo bien

__ en - ce - ba'o. __ } Ay quién __ se mie - tió en la can - de - la. Ay quién se me -
__ co - lo - ra - do.

tió en la can - de - la. Ay, __ yo tam - bién, __ qué te pa - re - ce,

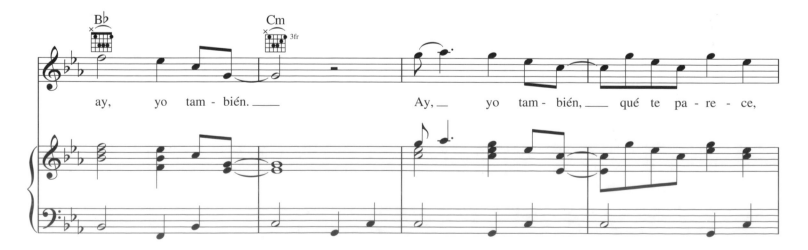

ay, yo tam - bién. __ Ay, __ yo tam - bién, __ qué te pa - re - ce,

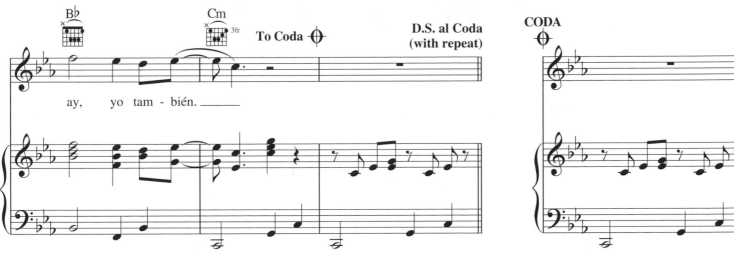

ay, yo tam - bién. _____

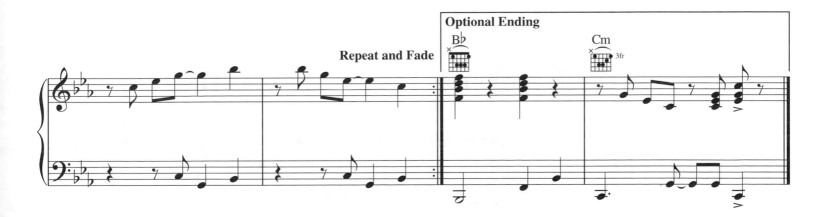

TABACO Y RON

Words and Music by
MANUEL J. LARROCHE DOMÍNGUEZ

Moderado rápido

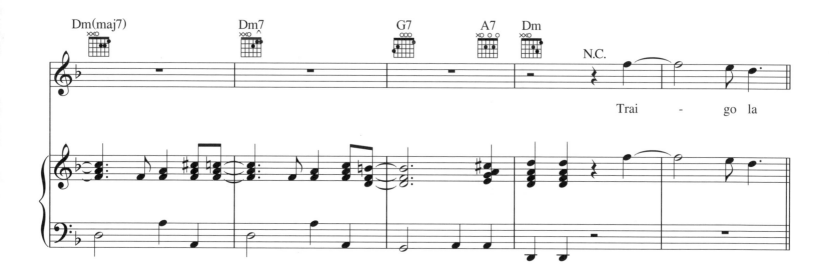

Trai - go la

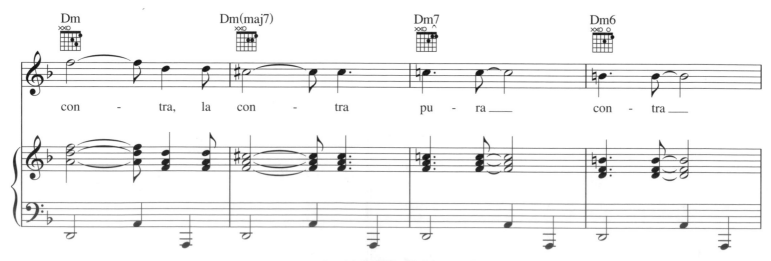

con - tra, la con - tra pu - ra ___ con - tra ___

pa - ra la a - ma - da mí - a ta - ba - co y ron.

Ta - ba - co, ta - ba - co, ta - ba - co,

ta - ba - co y ron. Ta - ba - co, ta - ba - co, ta - ba - co, ta - ba - co y ron.

Por - que man - de, man - de quien man - de en el mun - do siem-

- pre ha - brá bue - na gen - te, ma - la gen - te el que nie - ga, el cre - yen - te

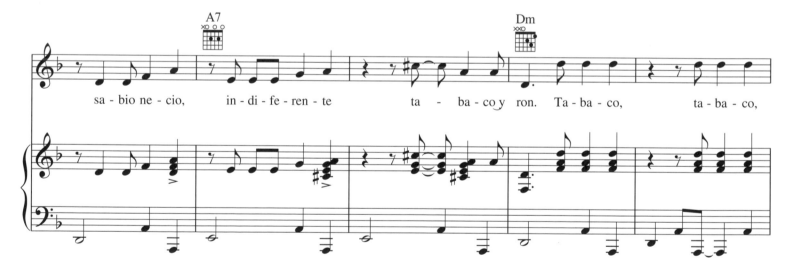

sa - bio ne - cio, in - di - fe - ren - te ta - ba - co y ron. Ta - ba - co, ta - ba - co,

ta - ba - co, ta - ba - co y ron. Ta - ba - co, ta - ba - co,

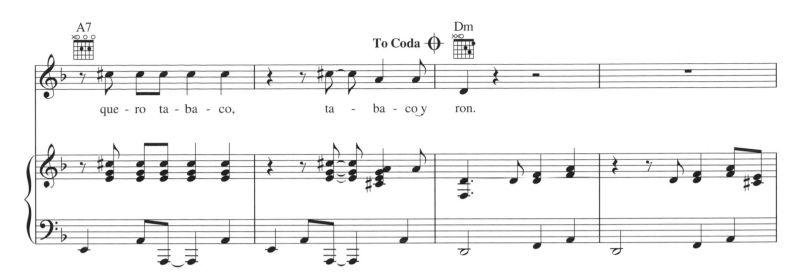

que - ro ta - ba - co, ta - ba - co y ron.

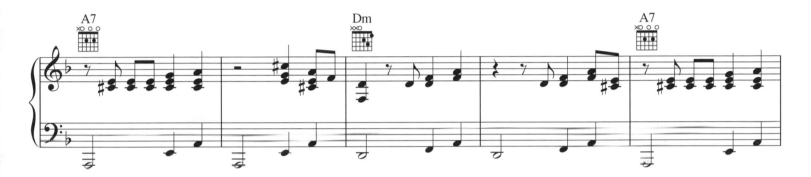

Qui - ta e - sa ma - la ga - na com - pa - dre

que te va a ma - tar___ e - sa a - mar - gu - ra e - sa a - mar - gu - ra, e - sa a - mar - gu -

ra.

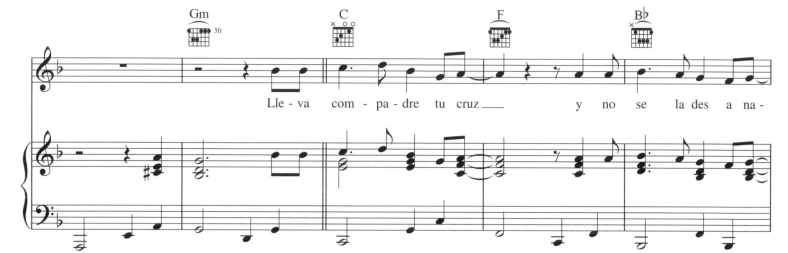

Lle - va com - pa - dre tu cruz ___ y no se la des a na -

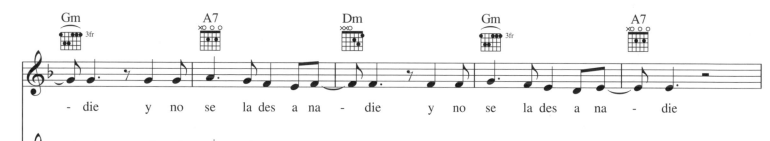

- die y no se la des a na - die y no se la des a na - die

que to - dos ya lle - va - mos _ u - na cruz.

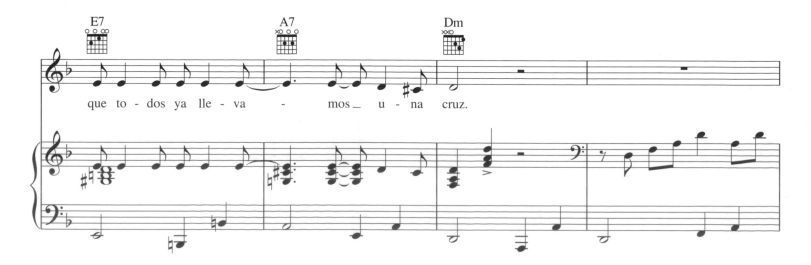

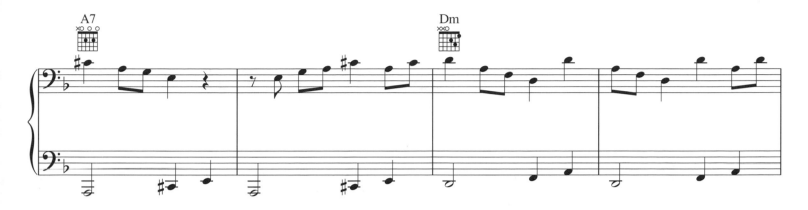

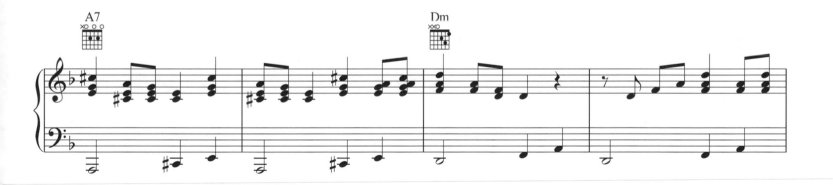

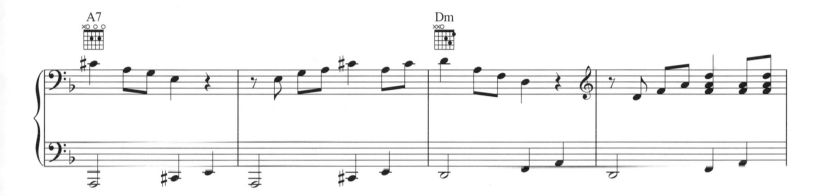

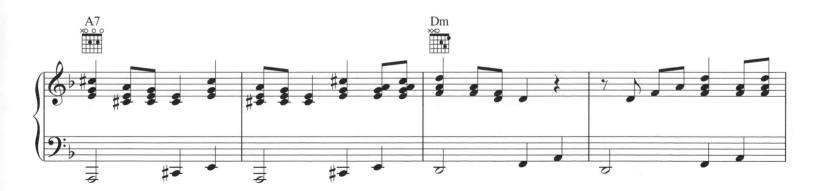

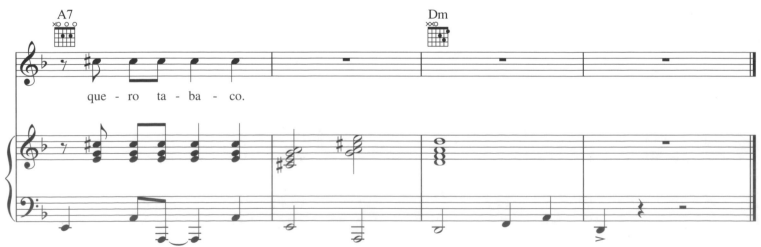